国学经典精粹丛书

孙子兵法

武学之圣典，兵家之绝唱

【春秋】孙　武◎著　宿春君◎评译

华龄出版社
HUALING PRESS

图书在版编目（CIP）数据

孙子兵法 /（春秋）孙武著；宿春君评译. --北京：华龄出版社，2017.4

ISBN 978-7-5169-0929-4

Ⅰ.①孙… Ⅱ.①孙… ②宿… Ⅲ.①兵法－中国－春秋时代②《孙子兵法》－译文 Ⅳ.①E892.25

中国版本图书馆CIP数据核字（2017）第060116号

责任编辑	林欣雨	责任印制	李未圻
书　　名	孙子兵法	作　　者	（春秋）孙　武
出　　版 发　　行	华龄出版社 HUALING PRESS		
地　　址	北京市东城区安定门外大街甲57号	邮　　编	100011
电　　话	（010）58122255	传　　真	（010）84049572
印　　刷	三河市刚利印务有限公司		
版　　次	2017年6月第1版	印　　次	2023年8月第4次印刷
规　　格	880mm × 1230mm	开　　本	1/32
印　　张	7	字　　数	140千字
书　　号	ISBN 978-7-5169-0929-4		
定　　价	36.00元		

前言

无论是历史学家，还是政治家、军事家，都认同一个观点：就中国几千年的历史来考究，中国两千多年的兵书其实只有十三篇，共有六千字左右，正是那十三篇兵书、六千左右的字，形成了中国的军事哲学，那十三篇兵书也因此获得了“兵学圣典”“古代第一兵书”的美誉，它的写作者也被尊称为“兵圣”“百世兵家之师”“东方兵学的鼻祖”。

能享有如此多的美誉、如此高的评价，它究竟是何书呢?

它，就是中国现存最早的兵书，也是世界上最早的军事著作——《孙子兵法》，又称《孙武兵法》《吴孙子兵法》《孙子兵书》《孙武兵书》等，是我国春秋末期大军事家孙武所著的一部经典军事著作，素有“武学之圣典，兵家之绝唱”之美誉。

孙武的生卒年月现已不可考。据史载，他本是齐国人，后移居吴国，因擅长兵法，被吴国大臣伍子胥推荐给吴王阖闾。孙武见吴王时，将其所撰兵法十三篇献给他，阖闾读后大悦，遂以孙武为将，为自己练兵。后来孙武带兵西破强楚，北威齐晋，扬名诸侯之间，让吴国顺利成为当时的霸主。孙武终老于吴国，葬在吴都巫门外。

《孙子兵法》虽然篇幅不长，但信息量极大，可谓字字珠玑，无半点累赘之言。孙武在其书中揭示了一系列具有普遍意义的军事规律，提出了一套完整的军事理论体系。这一理论体系不仅深受战国以来历代军事家的重视和推崇，对他们的军事思想和实践产生了重要的影响，而且在世界军事思想领域内也拥有广泛的影响，享有极高的声誉，至今仍有其不可忽视的科学价值。

《孙子兵法》不仅具有极高的军事价值，还蕴含了许多哲学道理。不仅可以应用于行军打仗，而且对于人们为人处世、开阔眼界亦有帮助。虽然成书数千年，但其并未过时，对于今天的我们仍多有启发。

关于《孙子兵法》，曾经有过一些纷争。有人因《汉书·艺文志》著录《吴孙子兵法》有八十二篇，图九卷，而多认为十三篇是曹操削除烦冗，取其精华而成。又有人因《汉书·艺文志》著录的《齐孙子》即《孙膑兵法》久已散佚，后世流传的只有一部《孙子兵法》而认为十三篇出自孙膑之手。不过，1972年山东临沂银雀山汉墓出土了一部《孙膑兵法》和《孙子兵法》的残简，以及记载孙武言行的七十余枚竹简，此后学者们已多倾向于十三篇出自孙武之手，八十二篇则是孙武后学所著，是用以补充和解释十三篇之说。

与《孙子兵法》一样，《孙膑兵法》也是我国古代军事文化遗产中璀璨的瑰宝。为了便于大家对比阅读，本书后还附有《孙膑兵法》。

目录

计篇第一

本篇论述的是能否进行战争的问题。孙武在本篇中指出："战争是关乎国家生死存亡的大事。""道""天""地""将""法"是决定战争胜负的五项基本要素。"道"指人民与统治者同心同德；"天"指昼夜、晴雨、寒暑等气候时节和天命、人事、道义；"地"指土地，具体如地势、地形的高下、险要、平坦，距离的远近等对于攻守进退的利弊；"将"指将帅的智谋、赏罚必信、爱抚士卒、英勇果断和军纪严明；"法"指军队的组织编制、将吏职责的划分和管理，以及军需物资的供应、管理。孙子认为，从这五要素出发，根据国君是否贤明，将帅有无才能，"天""地"两方面的条件如何，法令能否贯彻实行，兵力强弱，军队是不是训练有素，赏罚是否分明，可以预知战争的胜负，从而采取适当的对策和相应的行动。

【原文】

孙子曰：兵①者，国之大事，死生之地，存亡之道，不可不察②也。

【注释】

①兵：指战争。

②察：研究。

【译文】

孙子说：战争是国家的头等大事，关系着民众的生死，决定着国家的存亡，因此，不得不认真、谨慎地去研究。

【解析】

孙子在本篇伊始，就点出了战争和研究战争的重要意义。

战争这个词，是比较现代的说法，是指敌对双方为了达到一定的政治、经济、领土的完整性等目的而进行的武装战斗。古人称其为争、战、征、伐、兵等，则更为直接地点明了战争的“内涵”。

《左传》曾说：“国之大事，在祀与戎。”祀，就是祭祀；戎，就是战争。祀是文，戎是武，这一文一武两件事是国家存在的基础，不可不慎重对待。在孙子看来，战争之所以是“国之大事”，是因为它具有两大意义——“死生之地，存亡之道”，即战争关系着民众的生死，决定着国家的存亡。

自古以来的战争都伴随着大量的流血、死亡，以及无数人的流离失所、家破人亡，即便是获胜的一方，也是如此。这就是古人常说的“杀敌一千自损八百”。到了近代，科学技术的飞速发展，促进了军事武器装备水平的大幅提升，战争也就给人们留下更为严重的后遗症：很多带有辐射性、化学污染的武器，给无辜的民众造成了触目惊心的伤害。对于国家来说，战后的重建工作也往往是十分艰巨的，战争不仅耗费了大量的物力、人力，还摧毁了无数的田地作物、工厂民房等建筑，造成了巨大的经济损

失，要让遭遇战争伤害的国家或地区重新恢复往昔的经济秩序，需要付出极大的财力和心血，因此很多本来富有的国家因为战争而变得衰弱、落后，许多发达富有的地区因为战争而变得萧条死寂。一如老子在《道德经》中所说："师之所处，荆棘生焉。大军之后，必有凶年。"

为了避免"荆棘生"，为了避免"有凶年"，所以孙子告诫统治者：必须对战争慎之又慎，切勿轻易挑起战争。当然，一味地逃避战争也是不对的，因为那样只会让恶势力更猖獗，只会让战争的结果变得更为惨烈。所以，如何面对战争，是统治者必须要慎之又慎的一个问题。

【原文】

故经①之以五事，校②之以计，而索③其情④。一曰道⑤，二曰天⑥，三曰地⑦，四曰将⑧，五曰法⑨。

道者，令民与上⑩同意也，故可以与之死，可以与之生，而不畏危⑪也。天者，阴阳⑫、寒暑、时制也。地者，远近、险易⑬、广狭、死生⑭也。将者，智、信、仁、勇、严也。法者，曲制⑮、官道、主用⑯也。凡此五者，将莫不闻⑰，知之者胜，不知之者不胜。

故校之以计，而索其情。曰：主孰⑱有道？将孰有能？天地孰得？法令孰行？兵众孰强？士卒孰练？赏罚孰明？吾以此知胜负矣。

将⑲听吾计，用之必胜，留之；将不听吾计，用之必败，去⑳之。

【注释】

①经：衡量，在这里是分析的意思。

②校（jiào）：比较。

③索：探索。

④情：实际情况。

⑤道：道义。此处指是否得民心。

⑥天：天时，即气候、时令等自然方面的条件。

⑦地：地理条件。如地势险要或平坦，场地开阔或狭隘等具体的地形、地势。

⑧将：将令。此处指战争中指挥官的谋略、智慧。

⑨法：军令。

⑩上：国君。

⑪不畏危：不怕危险。

⑫阴阳：昼夜。

⑬险易：地势情况，即地势是险要还是较为平坦等。

⑭死生：死地与生地，即所选地形是否利于己方的战争，有利为生地，不利为死地。

⑮曲制：军队编制、制度。

⑯主用：后勤管理。主是掌管，用为物资。此处指战略物资等后勤保障。

⑰闻：知道。

⑱孰：谁，哪一方。

⑲将：虚词，表示假设，类似“如果”。

⑳去：离开。

【译文】

要从以下五个方面着手，比较、分析双方的各种条件，考察双方的实际情况，以预测战争的走向。一是道义，二是天时，三是地形，四是将帅，五是法规。

所谓“道义”，就是君主要有民心，让民众和君主心意相通，这样军士们才有同生共死的信念，便不怕危险。所谓“天时”，就是指阴阳时节、寒暑交替、春夏秋冬四季等。所谓“地形”，就是指路程的远近，地势的险要情况，战场是开阔还是狭窄，所选战场属生地还是死地等自然地理条件。所谓“将帅”，就是指军队的指挥官是否有足够的智谋才能，是否赏罚有信，对部下是否仁慈关爱，能否做到果断、勇敢，所统率的军队是否军纪严明。所谓“法规”，就是指军队的组织编制是否简洁、轻便，将吏的责权划分是否清晰明了，军需物资的掌管是否规范以及供给是否充足。这五个方面，将领一定要深刻了解。了解了就能胜利，否则必将失败。

所以，一定要通过对战争双方的考察，掌握尽可能多的实际情况，并据此加以比较、分析，从而去预测战争胜负的可能。一定要知道：哪一方的君主更得民心？哪一方的将领能力更强？哪一方占有天时地利？哪一方军法严明、赏罚有信？哪一方兵力更加强大？哪一方的军士训练更为有素？哪一方军令执行更为有效？透彻分析了这些条件，自然就能够判定哪一方更容易取胜了。

如果听从我的计策，那么必然能取得胜利，这样我就留下；如果不听我的计策，那么必然导致战争失利，那我就离开。

【解析】

在阐明了战争的重要意义后，孙子紧接着在这一段提出了关乎战争胜败的五种因素：一是道义，二是天时，三是地形，四是将帅，五是法规。

道义，就是使民众和君主意愿相同，可以同生共死、共进同退。孟子曾说：“得道者多助，失道者寡助”，就很好地阐明了道义对于君主的重要意义：君主遵循道义，天下人都会归服他，会得到天下人的支持帮助；君主违背道义，就连亲戚朋友都会远离他，必然会陷于孤立无援的境地。怎样才算是遵循道义呢？就是行事遵循自然社会规律，不拂逆人性，施行仁政，爱惜百姓，坚守信义，遵守礼仪……其实就是遵循老子所说的“道”的规律。

天时，就是天时节气，指那些影响事情结果的不可控的因素。天时是影响行军作战的一个重要因素，顺应天时便能获胜，违背天时便可能招致失败。“诸葛亮草船借箭”的故事就是典型的顺应天时的例子。

地形，就是地理形势，指那些影响事情结果的比较容易把握的因素。地形也是影响行军作战的一个重要因素，善用地形便能获胜，错估地形就会招致失败。秦国名将白起利用地势围困赵国的四十万大军，就是善用地形的例子。

将领，就是战争的指挥者。一个将领的优秀与否直接关系到战争的胜负，因此君主对将领必须要谨慎考察和选择。孙子认为，一个优秀的将领必须具备智、信、仁、勇、严这五种品质，曹操称其为“五德”，“五德”任缺其一都算不得良将。

法规，就是军队中的法令和制度，这是决定军队战斗力的重要因素。法令完备，才能让人人行事有规则，才能让军队有战斗力；相反，如果法令混乱，兵士行事无序，军队自然也没有战斗力。

通过对以上五种因素的分析、比较，优秀的将领就能预估战争的胜负，优秀的君主就能知晓将领是否称职。

【原文】

计①利②以听③，乃为之势，以佐其外④。势者，因利而制权⑤也。

【注释】

①计：分析。

②利：优势。

③听：听从，采纳。

④外：国境之外。指他国。

⑤制权：根据实际利害关系而灵活应变。

【译文】

分析我方的优势，还要设法造“势”，来协助进行对外的军事行动。这里所说的“势”，是指在瞬息万变的战争中抓住最为有利的时机采取恰当的应变行动。

【解析】

这一段，孙子讲的是“为势”。

孙子认为，在采纳了筹谋有利的作战计略之后，还要造成一种客观态势，来作为外面的辅佐条件。什么是客观态势呢？孙子的解释是：所谓客观态势，就是凭借有利因素而采取应变措施。用现代的说法，就是要善于造势，通过对客观条件的清晰认识，为自己营造出有利的空间环境。

荀子在《劝学》中曾说："登高而招，臂非加长也，而见者远；顺风而呼，声非加疾也，而闻者彰。"这其实就是利用外势的例子。不过，孙子所讲的"为势"，不仅仅是利用外势，而是善于造势，利用外势只是登上高处顺应风向，善于造势则是在利用外势的基础上，还能创造出"高山""顺风"这样的外势来。可想而知，如果一个人具有了善于造势的能力，他做什么事都会有事半功倍的效果，做事的成功率自然也能大大提高了。西汉开国功臣、兵家四圣之一的韩信在进攻赵国时背水列阵，将士兵置于死地，从而让他们奋勇抗击，这就是造出了"置之死地而后生"之势，并最终获胜。

【原文】

兵者，诡道也。故能而示[①]之不能，用而示之不用，近而示之远，远而示之近。利而诱之，乱而取[②]之，实而备之，强而避之，怒而挠[③]之，卑而骄之，佚[④]而劳[⑤]之，亲而离之，攻其无备，出其不意。此兵家之胜，不可先传也。

【注释】

①示：展示。此处有故意伪装的意思。下同。

②取：攻取。

③挠：扰乱。

④佚：通"逸"，即安逸、安稳。

⑤劳：疲劳。

【译文】

用兵作战，就是一种比拼诡计的行为。因此，有实力要做出一副没实力的样子，想要攻打一定要做出一副不想攻打的样子；想从近处攻打，就要做出一副要从远处攻打的样子，想从远处攻打就要做出一副要从近处攻打的样子。如果事先得知对方贪利就用利益去诱惑他；如果察觉对方混乱就要趁乱攻打他；对方充实就要多加防备；对方过于强大就要避其锋芒；对方暴躁、易恼怒就不停骚扰，让他更加愤怒；对方步步小心谨慎就要设法使他骄傲自大，从而丧失判断力；对方如果准备充分、休整得体，就要设法使其疲劳；对方若是内部团结就要想办法离间他们，让他们互相猜忌。（总之，）要攻打对方没有防备的地方，要在对方没有料到的时机发动进攻。以上这些，都是军事家克敌制胜的诀窍，考验着军事家们的智慧，需要在战争中根据实际情况灵活应用，不可能事先料到，更无法在战前做出规定。

【解析】

在孙子看来，战争其实就是一种诡诈之术，善用诡诈之术就是兵家制胜的秘诀。曹操对此的注解可谓直白而精辟：“兵无常形，以诡诈为道。”意思是说，行军打仗的目的就是战胜敌人，为了战胜敌人，我们必然要采取一些诡诈的招数。

如何使用诡诈之术呢？孙子认为其核心就是“攻其不备，出其不意”。如何做到这点呢？孙子对己方提出了四点建议：“能而示之不能，用而示之不用，近而示之远，远而示之近”，其核心就是懂得示弱，以迷惑敌人。对于如何应对敌方，孙子则提出了八点建议：“利而诱之，乱而取之，实而备之，强而避之，怒而挠之，卑而骄之，佚而劳之，亲而离之”，其核心就是塑造敌人的弱点，抓住敌人的弱点，然后攻击敌人的弱点。

不过，战争不能完全置诡道于不顾，但也不能完全以诡道为主，那样必然会让自己陷入危险的境地。

【原文】

夫未战而庙算①胜者，得算多②也；未战而庙算不胜者，得算少也。多算胜，少算不胜，而况于无算乎！吾以此观之，胜负见矣。

【注释】

①庙算：古时候出兵作战之前，都要去宗庙举行特定仪式，同时商讨具体的作战计划，做出战略部署，这就是“庙算”。

②得算多：有利条件多。

【译文】

在“庙算”上就判定自己能够取得胜利，是因为通过对比、分析后，认为己方胜算更多。在“庙算”上就判定己方无法取得胜利的，是因为通过分析、计算后，认为己方胜算太少。认为自己胜算多的常常取胜，认为自己胜算少的则多半失败，更何况那些根本就没有一点胜算的呢？因此，只要我们根据“庙算”时的结论，就可以大致判定一场战争的结果了。

【解析】

这一段，孙子讲的是“庙算”的重要意义。

这里的“庙”，自然不是寺庙，而是指庙堂，即古代太庙的明堂，是古代君主祭祀、议事的地方。这里的“算”，自然也不是算术，而是指商议谋划。

“庙算”一词，早在夏朝便有了，那时的国家凡遇战事，都要告于祖庙，议于庙堂，并逐渐成为一种固定的仪式：在每次兴师作战之前，君主和臣子们都要在庙堂上商议谋划，分析战争的利害得失，制订作战方案。

在孙子看来，通过“庙算”的结论就足以判断一场战争的胜负了。如果在战争之前就对双方的形势进行严密的分析，找出己方的优势，并且认为己方能获胜的，胜利的把握就十之八九了；如果在战争之前对双方的形势进行分析，积极利用己方的优势，避免己方的缺陷，即使己方获胜的把握不大，也已然有获胜的希望；如果轻视战前规划，不考虑导致双方胜败的各种因素而轻率地发动战争，只能招致失败，而且是一败涂地。

作战篇第二

本篇主要阐述的是如何进行战争。孙武认为，战争的消耗和战费的开支是十分庞大的，战争旷日持久势必危及国家的存亡。所以，他主张速胜。此外，为弥补己方的消耗和削弱敌国，他又主张“因粮于敌”“胜敌而益强”。

【原文】

孙子曰：凡用兵之法，驰车千驷[①]，革车[②]千乘，带甲[3]十万，千里馈[4]粮，则内外之费，宾客之用，胶漆之材[5]，车甲之奉[6]，日费千金，然后十万之师举[7]矣。

【注释】

①驷：古代把四匹马拉一辆的车叫“驷”。这里的“驷”指由四匹马拉的一种轻型战车。

②革车：古代用于运载辎重的战车。

③带甲：用甲胄武装起来的军士。

④馈：运送。

⑤胶漆之材：泛指制作和维修作战器械所需的各种材料。

⑥奉：供给，补充。

⑦举：出兵作战。

【译文】

孙子说：只要兴兵作战，必然需要出动轻型战车千辆，辎重车千辆，带甲兵士十数万，并且需要千里迢迢运送粮草。这样一来必然花费巨大，前方后方的各种开支，招待宾客策士的费用，物资器材，战车、甲胄的供给等，每天至少要千金，之后十万大军方能出兵作战。

【解析】

本篇一开篇，孙子就点明了战争需要耗费巨大的财力这一点。

用现在时髦的话来说，战争就是一件需要不断“烧钱”的事，在孙子所处的时代，兴兵作战所需要做的准备就有轻车千辆、重车千辆、全副武装的士兵十万、向千里之外运送粮食的人马，这还不包括前后方的军内外开支、招待宾客策士的费用、用于武器维修的胶漆等材料……这些开支每天都要消耗千金。只有做好了这样标准以上的"烧钱"准备，才有资格兴兵作战。

由此可见，战争双方拼的不仅仅是人，更多的是财力和国力。只有财力、国力强大才禁得起每日千金以上的消耗，并最终战胜敌人。反之只能是让自己的国力更加衰败，也无法战胜敌人。孙子在此的用意就是告诫统治者：在准备发动一场战争前，一定要好好思考战争的成本和收益的问题，确保自己不会被拖进战争的泥潭无法抽身，从而导致更大的灾难。

【原文】

其用战①也胜，久则钝兵挫锐②，攻城则力屈③，久暴师④则国用不足。夫钝兵挫锐、屈力殚⑤货，则诸侯乘其弊而起，虽有智者，不能善其后矣。故兵闻拙速，未睹巧之久也。夫兵久⑥而国利者，未之有也。故不尽知用兵之害者，则不能尽知用兵之利也。

【注释】

①用战：用兵作战。

②钝兵挫锐：兵器钝坏，锐气挫伤。指军队疲惫，士气受挫。

③屈：衰竭。力屈就是战斗力衰竭。

④暴（pù）师：军队长期派遣在外。

⑤殚：枯竭。

⑥兵久：作战时间长。

【译文】

用如此庞大的军队作战只能速胜，一旦战争持久不下，就会使军队陷入疲惫状态，军士锐气受挫。在此情况下，攻城就会因为军士战斗力衰竭而屡屡不得。同时，军队长期在外作战，必然导致国家财力空虚，供给困难。如果军士们疲惫不堪、锐气受挫，整个军队实力耗尽，同时国内物资储备面临枯竭，那么其他人就会乘虚而入，向我方发起进攻。那时，即使有智谋之士也无法挽救危局。所以在实际作战中只听说过笨拙的求得速胜，从未见过有谁为了求巧而极尽拖延的。（自古以来，）战争旷日持久反而对国家有利的，从来没有听说过。因此，我们可以说，一个将领，如果不了解用兵可能产生的危害，那么他便不了解用兵可能产生的益处。

【解析】

在这一段，孙子着重阐明了兵贵速胜的道理。

前文已经说过，要兴师作战，一个国家必须要有能承受军队日耗千金的财力，而战争耗费的时间越久，所耗费的钱财也就越多。战争耗费的时间太长，也会大大耗损兵士的士气。春秋时鲁国大夫就是因为深谙战争耗费时间对士气的影响，凭借“一鼓作气，再而衰，三而竭”的真知灼见，帮助鲁庄公打败了前来攻打鲁国的齐国军队。

此外，自然万物都在不断变化，战争耗费的时间越长，就越容易生出变故，出现很多无法掌控的因素，使得战争结果大大出乎自己预料。自古以来的战争，都没有因为旷日持久而对国家有利的。所以孙子也建议将领在作战时要速战速决，这样不仅能大大减少战争成本，也能很好地避免难以预料、难以掌控的情况出现。

【原文】

善用兵者，役不再籍，粮不三载，取用于国，因粮于敌，故军食可足也。国之贫于师者远输，远输则百姓贫；近于师者贵卖，贵卖则百姓财竭，财竭则急于丘役①。力屈、财殚，中原内虚于家。百姓之费，十去其七；公家之费，破车罢②马，甲胄矢弩，戟楯蔽橹，丘牛③大车，十去其六。

【注释】

①丘役：按丘征集的赋税徭役。丘，是古代的地方行政单位。古时候九家为井，四井为邑，四邑为丘。

②罢（pí）：通“疲”。

③丘牛：指从丘征集来的牛。

【译文】

一个善于用兵的人，从来不会一而再、再而三地征兵，也不需要一而再、再而三地从国内往军队运送粮草。善于用兵者，从国内拿军队需要的各种武器装备，但从敌人那里夺取战争所需要的粮草。这样一来，军队的粮草自然就充足了。若国家因作战而贫困，一定是因为军队进行了远途运输，远途运输会导致百姓贫穷。同时，靠近军队驻扎的地方还会物价暴涨，物价一旦暴涨就会导致百姓财富流失，这时，储备空虚，国家就会急于征集赋税和劳役。这样，就造成军力耗尽、财源枯竭、国内空虚的现象。彼时，百姓的私家财产损耗十分之七；而公家的财产，也会因为战车破损，战马疲惫，甲胄、弓箭、矛戟、盾牌、拉辎重的牛车等的损耗，耗掉十分之六。

【解析】

这一段，孙子在上一段战争需要耗费大量财力的基础上，提出了减少己方财力损耗的一个方法："取用于国，因粮于敌"，其实就是"以战养战"的思想。

古代行军作战讲究"兵马未动，粮草先行"。行军作战必须有充足的后勤保障，如此兵士才能吃饱肚子，进而战胜敌人；如果兵士吃不饱，没有力气作战，用不着敌人进攻，自己就先行溃败了。而粮草供应不是一次性就能解决的问题，需要不断向百姓征收，不断向军队运送，时间久了自然会使百姓困苦，孙子估计如此可导致的百姓财产的损失总共在十分之七左右。因此，在发动战争之前，如何给军队提供足够的粮草供应是必须考虑的问题。

当战争耗费的时间太长，就会给国家和百姓造成沉重的经济负担，为了减轻国家和百姓的经济负担，孙子提出了"取用于国，因粮于敌"的策略，即在敌国就地获得资用，在敌人那里夺得粮草供应，这样既满足了自己的军需，又打击了敌人的经济实力，有利于早日制胜，可谓是一举两得。

【原文】

故智将务食于敌，食敌一钟[①]，当吾二十钟；萁[②]秆一石，当吾二十石。故杀敌者，怒也；取敌之利者，货也。故车战得车十乘已上，赏其先得者。而更其旌旗，车杂而乘之，卒善而养之，是谓胜敌而益强。

【注释】

①钟：古代的容量单位，换算关系为六十四斗为一钟。

②萁（qí）：通“萁”，豆秸。

【译文】

所以，一个聪明的统帅，一定要靠敌国来解决粮草，从敌国处得来一钟的粮食就相当于从本国运来二十钟粮食；从敌国取得一石的草料，就相当于从本国运来二十石草料。因此，想要让士兵拼死杀敌，就一定要激起士兵对敌人的愤怒；想要让士兵们奋勇夺取敌方的军需物资，就一定得用缴获来的财物奖赏士兵，让他们得到好处。所以，在车战中，一旦夺取敌军战车十辆以上，就要奖赏最先夺取战车的那个人。同时，夺来的战车要立即换上我方的旗帜，将之编入我方车队，为我所用。对于那些补捕的俘虏，一定要优待他们，要好好供养他们。这样才能战胜敌人，并使我方更加强大，获得更大的战斗力。

【解析】

这一段，孙子还是在继续讲“取用于国，因粮于敌”的策略，这里主要讲的是如何施行这一策略。

本段伊始，孙子就点明了“取用于国，因粮于敌”的重要意义：食敌一钟，当吾二十钟；萁秆一石，当吾二十石。一钟，相当于六十四斗；一石，相当于一百二十斤。古代运送粮草，不像现在有汽车、火车、飞机这样的交通工具，完全依靠牛车、马车、人力担负，牛、马、人都是要消耗食物的，再加上气候、地形等外界因素所导致的意外损失，远途运送粮草的耗费很大，往往到达目的地所剩不过二十分之一。所以孙子才说夺得敌军的一钟粮草，相当于获得了己方的二十钟粮草。

而要想施行这种“取用于国，因粮于敌”的策略，孙子认为首先要激起兵士对敌人的愤怒，其次要激励兵士去抢夺敌人的财物，即对成功抢夺敌人财物的兵士给予奖赏。对于孙子的这种观点，曹操的注解可谓是一针见血：“军无财，士不来；军无赏，士不在。”

当然，孙子这种“以战养战”的策略也并非完全适用，当敌人实行“坚壁清野”政策时，即把一切可以滋养敌军的东西都悉数破坏，这个策略就毫无用武之地了。

【原文】

故兵贵胜，不贵久。

故知兵之将，生民之司①命，国家安危之主②也。

【注释】

①司：掌握。

②主：主宰。

【译文】

所以，用兵作战的关键是快速取胜，最为忌讳的就是战争旷日持久。一个深谙用兵之道的将领，是国民命运的掌握者，是一个国家命运的主宰者。

【解析】

最后，孙子再次点明用兵作战的核心：兵贵速胜，不贵久。因为战争具有极大的破坏性，会耗费大量的财力。

战争持续得越久，对国家财力的损耗就越大，甚至会因为国库空虚而动摇国家政权的根基。

再者，战争是最重视战机的，战机一旦错过就很难再来，所以领兵的将领必须要当机立断，趁机立刻战胜敌人，速战速决，否则就会陷入持久战中，所导致的巨大消耗对敌我双方都将是一场大的灾难。正如《六韬·论将》中所说的那样："兵不两胜，亦不两败。兵出逾境，期不十日，不有亡国，必有破军杀将。"大意是说，大凡战争，不能双方都获胜，也不可能双方都失败。只要军队跨出了国境，十天之内，胜败便可见分晓，不是敌军灭亡，便是我军被敌军击败，将领被杀害。孙子认为，只有明白这个道理的将领，才是深谙用兵之道的将领，才能对一个国家和百姓的福祉、对兵士的生命高度负责，才是真正的良将。

谋攻篇第三

本篇主要论述了如何进攻敌国的问题。孙武主张以尽可能小的代价，去取得最大的成功，即力求不战而胜，不靠硬攻而夺取敌城，无须久战而毁灭敌国。为实现这一目标，他特别强调以谋略取胜，指出：用兵的上策首先是以政治谋略取胜，其次是以外交手段取胜，再次是使用武力取胜，下策才是攻城。而要做到这一点，就不仅需要知己，还要做到知彼。

【原文】

孙子曰：凡用兵之法，全国[①]为上，破国次之；全军[②]为上，破军次之；全旅[③]为上，破旅次之；全卒[④]为上，破卒次之；全伍[⑤]为上，破伍次之。是故百战百胜，非善之善者也；不战而屈人之兵，善之善者也。

【注释】

①全国：完整的国家。此处指使敌国整体屈服。以下全军、全旅、全卒、全伍等与此处意同。

②军：古代军队的编制单位。一万两千五百人为一军。

③旅：古代军队的编制单位。五百人为一旅。

④卒：古代军队的编制单位。一百人为一卒。

⑤伍：古代军队的编制单位。五人为一伍。

【译文】

孙子说：但凡作战，其原则必然是：使敌国全部屈服是上策，用武力攻破敌国之后，他们才屈服就差一些；降服敌人全军是上策，击破敌军他们才降服就差一些；使敌人全旅降服是上策，击破敌旅后他们才降服就差一些；使敌人全卒降服是上策，击破敌卒他们才降服就差一些；使敌人全伍降服是上策，击破敌伍后他们才降服就差一些。因此说，常打胜仗，可以做到百战百胜的将军，算不上是最好的将军。只有不通过交战就让敌人全体降服的，才是优秀将领中那个最好的将军。

【解析】

本篇伊始，孙子重在阐明用兵作战的至高境界：不战而屈人之兵，也就是人们常说的不战而胜。

战争的目的，只有一个，那就是为己方谋求政治和经济利益。可以说，每一场战争的背后都是政治和经济利益的争夺。既定目的的实现，就是战争取得成功的标志。

战争的目的只有一个，但战争的方式是多种多样的。一个好的战争方式，不仅可以实现己方的政治和经济利益，还能不损害本国的声誉和资源，用孙子的话来说，就是："全国为上""全军为上""全旅为上""全卒为上""全伍为上"，即使敌人完全降服才是上策，用武力击溃是其次的方法。因此，如何尽量减少己方的消耗，做到不战而胜，才是将领们最应该思考的。

【原文】

故上兵伐谋[①]，其次伐交，其次伐兵[②]，其下攻城。攻城之法为不得已。修橹轒辒[③]，具器械，三月而后成；距闉[④]，又三月而后已。将不胜其忿而蚁附之，杀士三分之一而城不拔[⑤]者，此攻之灾也。

【注释】

①上兵：即最好的军事手段。上，最好；兵，军事手段。伐谋：用谋略讨伐。

②伐交：用外交手段去讨伐。伐兵：用武力去讨伐。

③轒辒（fén wēn）：古代攻城用的一种四轮车具。

④距闉（yīn）：为堆积攻城用的土山。闉，通"堙"，土山。

⑤拔：城被攻下。

【译文】

因此，最上等的军事行动是用谋略打败敌人，其次是用外交手段征服敌人，再次就是用武力打垮敌军，最下等的策略是攻破敌人的城池，之后征服敌人。攻城是迫不得已时才会采取的方法。修理制造橹、轒辒等各种攻城工具，准备其他的攻城器械，大概需要三个月才能完成。堆攻城时用的土山，又差不多得三个月才能完成。如果将领在长期的准备中难以抑制焦躁情绪，最后命令士兵像蚂蚁一样爬云梯攻城，结果是士兵死伤三分之一，城池仍然攻不下来，这就是攻城所带来的灾难。

【解析】

在孙子看来，国家与国家之间的争斗，最高的境界是用谋略取胜，其次是用外交手段取胜，再次是以武力取胜，最坏的方式就是去攻打敌方的城池。攻打城池实属下策，是迫不得已才能为之的。

为什么孙子将攻城视为下策呢？孙子在此也给出了答案：因为攻城耗费的时间太多，付出的成本太高，还未必能达到自己的目的。在古代，制造大盾、攻城车及各种武器装备，需要三个月的时间；修筑攻城的土垒阵地，又需要三个月的时间，这对于秉持兵贵速胜的将领来说，极易让其焦躁愤怒，对于兵士来说，也会让他们士气松懈。众所周知，古代的城墙大多十分高大、坚固，需要攻城一方的士兵爬到城墙上进攻，但结果往往是才爬到城墙上方，便被守城一方的弓箭手射死，或是在爬墙途中跌落致死，因此攻墙士兵的死伤多达三分之一，而且还有城墙攻打不下来这个最大的灾祸，实在是得不偿失啊！

【原文】

故善用兵者，屈人之兵而非[1]战也，拔人之城而非攻也，毁人之国而非久也，必以全争于天下，故兵不顿[2]而利可全，此谋攻之法也。

【注释】

①非：不需要。

②顿：通“钝”，疲惫，受挫。

【译文】

因此，真正善于用兵打仗的人，不通过打仗就能使敌人屈服，不通过攻城就能拿下敌人的城池，即使是摧毁敌国，也不需要长期作战；他们一定会用“全胜”的策略去争胜于天下，这样一来，不仅国力不会受损，兵士不会疲惫，而且还获得了全面的胜利，这就是最好的谋攻法则。

【解析】

这一段，孙子在延续上一段所讲内容的基础上，重点阐述了谋略战乃上策的观点，也可以说是孙子的“全胜”战略。

谋略战，顾名思义，就是以谋略取胜，就是运用智慧制定出切合时宜的战略，诱使敌人模棱两可、犹豫不决陷入错误的决策之中，促使敌人慑服于我方的政治压力，使其处于被动、举棋不定、惊慌失措的境地，从而使得我方能以最微小的代价获得最大的战果。

由此可见，谋略战是侧重于对敌方施加精神或心理上的压力。正如近代著名兵学家李德哈达在其《战略论》中所说：“尽管战斗是一种物质上的行为，可是其指导却是一种心理上的程序，战略越高明，则越容易把握有利机会，而只需付出最低的成本。”“在战争较高阶段中，若能在对方指挥官之心理上造成一种印象，则其结果，即可瓦解其整个部队之作战力量。而在战争之最高阶层中，对于一个国家之政府，若能加以心理上之压迫，更足以瘫痪其所有一切作战力量。”

【原文】

故用兵之法，十则围①之，五则攻之，倍则分②之，敌则能战之，少则能逃之，不若③则能避之。故小敌之坚，大敌之擒也。

【注释】

①围：包围。

②分：分散。

③不若：条件不如敌人。

【译文】

因此，真正的用兵作战原则必然是：兵力是敌人的十倍时，就围歼他们；兵力是敌人的五倍时，就正面进攻他们；兵力是敌人的一倍时，就设法分散他们，然后逐个击破；势均力敌时，就要想尽办法战胜他们；兵力少于敌人时，最好选择逃跑，设法摆脱敌人；如果各种条件都不如敌人，那么一定不要开战。所以，弱小的军队最好不战，如果坚持硬拼，其结果必然是被强大的敌人消灭。

【解析】

这一段，孙子紧接上一段的内容，讲的是实施“全胜”战略的具体方法。

在孙子看来，要实施“全胜”的战略，将领必须要坚持真正的用兵作战的原则。什么是真正的用兵作战的原则呢？孙子认为有五个原则：我军如果十倍于敌军，就对敌军实施围歼；如果我军五倍于敌军，就对敌军实施进攻；如果我军两倍于敌军，就要努力战胜敌军；如果我军和敌军势均力敌，则要设法分散敌军，各个击破；如果我军兵力弱于敌军，就应避免作战。孙子所说的这五个原则，其实就是审己察敌，量力用兵。

趋利避害是人的本能，也是在战争中制胜、同时尽量降低我方损失的重要战争原则。要想做到趋利避害，不仅需要将领在战争前权衡各种战争方式的利弊，更要在战争中懂得权衡双方力量的变化，并根据形势的变化而随机应变。

【原文】

夫将者，国之辅也。辅周[①]则国必强，辅隙[②]则国必弱。

【注释】

①周：周到。

②隙：疏漏，缺陷。

【译文】

将帅是国君的臂膀，如果将帅辅佐国君缜密、周详，那么国家必然走向强大。如果将帅辅佐国君有疏漏，不尽职，那么国家必然会衰败。

【解析】

这一段，孙子点明了将帅对国家的重要性。

将帅，是辅佐君主的人才，如果将帅思虑缜密周详，自然能辅佐君主走向富国强兵之路。反之，如果将帅思虑不够周密，有所疏漏，就可能引导君主做出错误决策，导致国家的衰败。确实，将领的素质，关系到整个国家的生存和发展，正如俗话常说的，“一将无能，累死三军”“兵熊熊一个，将熊熊一窝”“如果一群狮子的统领是一只羊，那么狮群也会变成羊群”。所以古代的统治者才屡屡感叹：“千军易得，一将难求。”

不过，许多时候导致“千军易得，一将难求”这种局面的原因并非是没有良将，而是统治者没有“慧眼识珠”的能力，误认家猫作猛虎，错把凤凰当草鸡。因此，统治者一定要把选择将领当作至关重要的大事来对待，不能有任何疏忽。

【原文】

故君之所以患于军者三：不知军之不可以进而谓之进，不知军之不可以退而谓之退，是谓縻[①]军；不知三军之事而同三军之政者，则军士惑矣；不知三军之权而同三军之任，则军士疑矣。三军既惑且疑，则诸侯之难至矣，是谓乱军引胜。

【注释】

①縻：牵制。指军队受到束缚。

【译文】

因此，国君可能给军队造成的危害有三种：不知道军队不可以前进而强制下令前进，不知道军队不可以后退却强制下令后退，这是束缚军队、强制军队；不懂得战争规律却极力要参与战争，或不懂得战争规律但去干涉军队，这样战士们就会迷惑，不知如何是好；不懂得战略战术的变化却要强行参与指挥，这样将士们就会产生疑虑。一个军队无所适从，又疑虑重重，那么各诸侯就会乘机发难。这就等于国君扰乱了自己的军心，从而帮助敌人战胜了自己。

【解析】

这一段，孙子表面在讲君主可能对军队造成的三种危害，实质是在告诫远在后方的君主要相信前方作战的将帅，不要随意干预将帅的指挥。

在孙子看来，君主和将帅应该是一种思想上协调一致但各司其职的合作关系，而不是君主指挥将帅用兵作战的上下关系。君主一旦选择好了将帅，就应授权让其独立指挥军队，因为将帅是有能力组织和指挥军队作战的。君主大胆放权，有利于将帅发挥其主观能动性，更好地以最小的代价取胜；如果君主乱加干涉，只会让将帅束手束脚，延误战机，还会扰乱军心，影响士气，反而加大了敌方获胜的概率。

所以说，专业的事还是应交给专业的人做，管理国家，是君主的专长，用兵作战，则是将领的专长。

【原文】

故知胜有五：知可以战与不可以战者胜，识众寡之用者胜，上下同欲者胜，以虞①待不虞者胜，将能而君不御②者胜。此五者，知胜之道也。

【注释】

①虞，准备。

②御：驾驭。此处引申为牵制、干预的意思。

【译文】

因此，判断一支军队是否能够胜利有五个方面：能够准确地判断仗能打或不能打的通常会取得胜利；懂得根据敌我双方实际情况分配兵力的常会取得胜利；军心稳固，全军上下同心协力的常会取得胜利；两方交战，一方准备充分，另一方准备不充分，准备充分的常会取得胜利；将领聪慧、有才华，精通军事、精于权变，同时君主又大胆放权，对将领不加干涉的常会取得胜利。以上五个方面就是预见胜利的方法。

【解析】

这一段，孙子看起来是在讲判断军队能否获胜的五个方面，实质还是在讲君主要对将领授权和充分信任的道理。

在孙子看来，要预估我方能否在战争中取胜，只要观察五个方面就可以了：一是洞悉是否可以与敌方交战，二是是否了解双方兵力并善加利用，三是全军是否上下同心，四是我方是否有充足的准备而敌方毫无防备，五是君主将帅是否能各司其职，即君主是否能完全信任将帅，不干预将帅。只要这五个方面的答案都是“是”，那获胜的可能就是十之八九了。可见，将帅的权谋与君主的放权都是制胜的关键因素，二者缺一不可。

【原文】

故曰：知彼知己者，百战不殆[①]；不知彼而知己，一胜一负；不知彼不知己，每战必殆。

【注释】

①殆：危险，失败。

【译文】

因此说：充分了解对方也非常了解自己的，每次战斗都不会失败；不了解对方而只了解自己的，就只能胜负各占一半了；那些既不了解对方又不了解自己的，肯定每次打仗都会失败。

【解析】

在本篇的最后一段，孙子提出了最重要的用兵作战原则：知彼知己，百战不殆。这其实就是在阐明情报对于战争的重要意义。

情报，就是关于某种情况的消息和报告,多带机密性质。用兵作战所涉及的情报，则是我方刺探到的敌方军事、政治、经济、科学技术、地理等方面的情况，对我方的军事决策有着重要影响。因此，自古以来，情报的收集就被视为战争制胜的重要砝码。可以说，谁掌握了丰富而准确的情报，谁就将掌握战争的主动权。因为只有在拥有大量丰富而准确的情报的情况下，君主才能做出正确的决策，将领才能制订正确的作战方案，做到百战不殆。如果只是了解己方的情况而不了解敌方的情况，只能是胜负各占一半，而如果连己方的情况都不了解，那就只能是每战每败了。

形篇第四

本篇主要讲如何利用物质之“形”来保全自己，取得完全的胜利。孙武认为，只有先使自己立于不败之地，然后等待和寻求战胜敌人的时机，才能夺得战争的胜利。当取胜条件不足时，应采取守势；当取胜条件具备时，则应采取攻势。因此，会用兵的人善于使自己处于不可战胜、必胜无疑的地位，擅长创造战胜敌人的机会。只有这样的人才能掌握胜败的决定权，因为他所战胜的是已经注定要失败的敌人。而上述足以使自己立于不败之地的物质之“形”，便是由国土的大小所产生的物产、军资、士卒的多少，以及军事实力对比的强弱。

【原文】

孙子曰：昔之善战者，先为不可胜，以待敌之可胜。不可胜在己，可胜在敌。故善战者，能为不可胜，不能使敌之可胜。故曰：胜可知而不可为。

【译文】

孙子说：过去那些善于用兵作战的人，总是首先创造条件，让自己立于不败之地，然后耐心等待机会，观察敌人何时有可乘之机。这样，先使自己立于不败之地，便掌握了主动权，之后能否战胜敌人，便看敌人是否有可乘之机了。所以，善于用兵作战的人，可以做到自己不被敌人战胜，却无法做到一定战胜敌人。从这个意义上说，胜利是可以预测的，但不可强为，当条件不具备的时候，即使是善战的高手，也一样无法打败敌人。

【解析】

作为开篇第一段，孙子重在阐明一个深刻的用兵之道：胜利虽然可以预测，却不能强求。

战争的胜负，不是简单的孰强孰弱而决定的，而是各种因素相互作用的结果。因为战争双方信息的不透明，我们其实很难了解敌方的真实情况，再加上天时、地利等不确定因素的干扰，因此战争的成败其实往往存在着很大的不确定性。一个善于用兵作战的将领，要想在战争中掌握主动权，最重要的是做好自己一方的准备工作，确保自己进可攻、退可守，在战端未启就立于不败之地，这才是用兵作战的最高境界。

可以说，孙子在此既强调了战争的客观现实性，又肯定了人的主观努力对战争成败的重要影响。

【原文】

不可胜者，守也；可胜者，攻也。守则不足，攻则有余。善守者藏于九地①之下，善攻者动于九天②之上，故能自保而全胜也。

【注释】

①藏于九地：意思是说隐藏得深，使敌人不可预知。古人常用“九”来表示数的极致，这里的九地就是极为隐蔽的意思。

②九天：意为高不可及。

【译文】

如果遇到的是不可战胜的敌人，那么就应该采取防守的战术；当发现敌人有可乘之机时，就要果断采取进攻的战术了。之所以采取防守，是因为我方实力不足，不具备战胜对手的条件；所以采取进攻是因为我方实力有余，具备取胜的条件。一个善于防守的人，能够做到把自己的兵力隐藏在深不可测的地方，使敌人无法发现；一个善于进攻的人，可以让部队产生从天而降的效果，突然出现从而有效地打击敌人，因此能做到既保全自己又获得全面胜利。

【解析】

这一段，孙子讲的是“自保而全胜”的方法，也是如何权衡进攻、防守二者的问题。

孙子认为，进攻与防守自有其权衡得失之处，究竟是进攻还是防守，不可一概而论，应根据敌我双方的实力来决定。如果我方实力不足，不具备战胜敌方的条件，那最好选择防守；而如果我方实力有余，具备战胜敌方的条件，则可以选择进攻。

在孙子看来，如果选择了防守，那就要做到最好的防守，即让自己像深藏在地底一样，使人无法窥探到自己的虚实；如果选择了进攻，那也要做到最好的进攻，即像飞跃于高空一样，使人无从防备。而如果进攻时可以做到最好的进攻，防守时又能做到最好的防守，那自然就能“自保而全胜”——在保全自己的同时又获得全面的胜利。

【原文】

见胜不过众人之所知，非善之善者也；战胜而天下曰善，非善之善者也。故举秋毫[①]不为多力，见日月不为明目[②]，闻雷霆不为聪耳。古之所谓善战者，胜于易胜者也。故善战者之胜也，无智名[③]，无勇功[④]，故其战胜不忒[⑤]。不忒者，其所措[⑥]必胜，胜已败者也。故善战者，立于不败之地，而不失敌之败也。是故胜兵先胜而后求战，败兵先战而后求胜。善用兵者，修道而保法，故能为胜败之政[⑦]。

【注释】

①秋毫：本指秋天时鸟兽的细毛。此处比喻非常轻微的东西。

②明目：眼睛明亮。

③智名：有智慧的名声。

④勇功：勇敢杀敌的名声。

⑤不忒：没有差错。

⑥措：指作战措施。

⑦政：这里指主宰战争的胜负。

【译文】

能够预见胜利，但预测没有超过大家的见识，就不能算是最好的；打了胜仗又受到天下人的称赞，也不能算是高明中最高明的。就好像举得起秋毫差不多重量的东西不能称之为大力士，能看见日月算不上是眼睛异常明亮，以及听见雷鸣算不上是耳朵灵便一样。古代人们所谓善于用兵的人，只不过是战胜了那些容易战胜的敌人而已。所以，真正善于用兵的人是这样的：他们取得了胜利，但并没有智慧过人的名声，也没有勇武杀敌的战功，只是因为他们在打胜仗时没有出现任何差错。没有差错也就没有所谓转折，因此不易引起人们的重视。这些人之所以不出现任何差错，就在于他们所采取的战术是能确保胜利的，因此，可以说他们所战胜的是已经处于失败地位的敌人。所以，真正善于打仗的人，是能使自己处于不败之地的，而且，他们不会放过任何可以导致敌人失败的时机。所以，打胜仗的军队，总是在先创造完取胜的条件之后才去交战，而那些打败仗的部队，总是先去交战之后在战争中企图侥幸获胜。真正会用兵的人，善于修明政治并且遵循制胜的规律，所以他们是能够主宰战争胜败的王者。

【解析】

这一段，孙子借着“胜兵先胜而后求战，败兵先战而后求胜”的对比，阐明了猛将远不如谋士的道理。

对于孙子这样以“谋伐”为最高战争追求的兵家来说，他永远都在阐述一个道理：猛将终将无法胜过谋士。因为在孙子看来，猛将在战争中取胜的方式就是进攻，就是现场的拼杀；而谋士在战争中取胜的方式则是通过事情的准备和计划，使得整个战争都按照其先前制订的计划进行，并最终获得其先前谋划的战果。猛将只看到眼前的敌人，而谋士看到的却是整个战争的态势，并根据不断变化的战争形势制订切合时宜的作战方案，甚至在战前就对战争的胜负有了充分的预见性。

而自古以来，在战前对战争走势的预见性，就是判断一个将领指挥水平的最重要指标。因此，真正善于用兵的人，总是先创造胜利的条件才去交战；而不善于用兵的人，总是先与对方交战，企图在战争中侥幸获胜。那些百战不殆的人，就是因为知晓并遵循这个制胜的规律，才成了主宰战争胜败的王者。

【原文】

兵法：一曰度①，二曰量②，三曰数③，四曰称④，五曰胜。地生度，度生量，量生数，数生称，称生胜。故胜兵若以镒称铢⑤，败兵若以铢称镒。胜者之战民也，若决积水于千仞⑥之谿者，形⑦也。

【注释】

①度：长度。此处指国土面积的大小。

②量：容量。此处指国家物产是否丰富。

③数：数量。此处指军队数量的多少。

④称：权衡轻重。此处指力量的对比。

⑤以镒称铢：比喻力量相差很大。

⑥千仞：比喻非常高。仞，古代的长度单位，古人有“七尺一仞”“八尺一仞”等不同说法。

⑦形：此处有“势”的意思，主要指军事实力。

【译文】

兵法上说：一是要估算自己国土的面积，二是要推算本国物产数量的多寡，三是要统计军队的规模，四是要对双方军事实力进行细致的比较，五是要得出胜负的判断。有了土地也就有了土地面积，有了土地面积也就能推算出物产数量的多少，知道了物产数量的多少就能决定可以供养多少兵员，有了兵员数目就能比较双方的军事实力，了解了双方的军事实力也就能得出胜负的判断了。所以，获胜的军队打失败的军队就如同用“镒”来称“铢”，具有绝对优势，而失败的军队打获胜的军队就如同用“铢”来称“镒”，没有任何优势。胜利者指挥军队打仗，就像从千仞高的山涧中往下放水，其势猛不可当，简直无坚不摧，这就是军事实力的外在表现。

【解析】

这一段，孙子还是延续了上一段所讲内容，重点阐明了战前运筹的重要性。

孙子认为，战前的运筹，是赢得战争的一个重要前提。两军交战，对敌方直接的信息有所匮乏在所难免，但敌方的一些客观条件仍然能够为我方的战前运筹提供基础，从而达到以小见大、管中窥豹的效果。

在此，孙子建议用兵作战的将帅应通过对“度”（估量敌国的土地面积，这决定了敌国物产资源的多少）、“量”（测算敌国物产资源的数量，可借此推断出兵员数量）、“数”（统计敌国的人口、兵员，可预估双方实力的大小）、“称”（比较双方的实力并加以权衡，这直接影响着战争的结果）和“胜”（判断双方交战能否制胜）这五个方面之间的制约关系的综合运筹，来进行双方军力的大致判断。可以说，在战争中，谁对双方的形势有更清醒的认识，谁就能制订出更符合形势的作战方案，谁获胜的概率就大。

势篇第五

本篇主要阐述如何造成有利的态势，来压倒对方。孙武认为，只要选择有才能的将领，充分发挥他们的才干，以自己的军事实力为基础，造成一种势不可当的有利态势，士卒就会勇猛无比地战胜敌人。而要造成有利的态势，就必须正确组织和部署兵力，善于指挥调动军队，擅长出奇制胜，即以正兵当敌，以奇兵取胜。“奇”“正”是相辅相生的关系，它们的变化是无穷的。所以，要出奇制胜，就应善于因时、因地、因事制宜，根据情况的变化，改换奇正的战法。此外，要造成有利的态势，还必须善于故意向敌示弱，诱敌以利，以达到欺骗和调动敌军的目的，创造战胜敌军的有利时机。

【原文】

孙子曰：凡治众如治寡，分数①是也；斗众如斗寡，形名②是也；三军之众，可使毕受敌③而无败者，奇正④是也；兵之所加，如以碫投卵⑤者，虚实是也。

【注释】

①分数：此处指军队的组织编制。

②形名：事物的形体和名称。用于此处泛指指挥军队作战的工具及联络信号，如金、鼓、旌旗之类。

③毕受敌：四面受敌。

④奇（jī）正：此处指代古代军队作战的方法。奇是指

变化无端、出敌不意的战法。正指正规或一般的战法。

⑤以碫投卵：用石头投向鸡蛋。

【译文】

孙子说：想要做到治理人数众多的军队就像治理少数几个人那样简单，就要靠良好的组织、编制；想要做到指挥人数众多的军队就像指挥少数几个人一样井然有序，就要靠良好的指挥作战用的工具及简单、有效的联络信号；想要三军将士即使四面受敌也不会遭遇失败，就要正确运用“奇正”战术的变化；向敌军发起进攻时，想要达到用石头砸鸡蛋一样的效果，就要娴熟地运用以实击虚等手段。

【解析】

作为本篇开篇一段，孙子借着阐述“分数”“形名”“奇正”“虚实”这四点，重点阐明了严明的制度对军队的重要性。

“分数”，是指军队编组；“形名”，是指号令指挥；“奇正”，是指战法变化；“虚实”，是指制敌弱点。这四点都是兵势部署的要点：“分数”“形名”是指挥，“奇正”“虚实”是战术。只有正确的指挥配合高明的战术，才能真正发挥“势”的力量。

在孙子看来，要保持一支军队的战斗力，不仅需要一个谋略高明的将帅，更需要一系列严明的制度，即“分数”“形名”。无论是统率成千上万的庞大军队，还是统率仅几个人的小队伍，关键都在于有着统一的指挥系统，士兵要有相同的、精确的编制。

而因为万事万物都处于变化之中，战争形势也是瞬息万变，所以只有懂得随机应变，善用“奇正”“虚实”之术，才能加大在战争中获胜的可能。

【原文】

凡战者，以正合[①]，以奇胜。故善出奇者，无穷如天地，不竭[②]如江河。终而复始，日月是也。死而复生，四时是也。声[③]不过五，五声之变，不可胜[④]听也；色[⑤]不过五，五色之变，不可胜观也；味[⑥]不过五，五味之变，不可胜尝也。战势不过奇正，奇正之变，不可胜穷也。奇正相生，如循环之无端，孰能穷之？

【注释】

①合：会合交战。

②竭：枯竭。

③声：五声。我国古代以宫、商、角、徵、羽五个基本音阶指称五声。

④胜：尽。

⑤色：颜色。我国古代以青、赤、黄、白、黑五种颜色为正色。

⑥味：味道。我国古代以甜、酸、苦、辣、咸五种基本味道为五味。

【译文】

一般的作战方法，都是以“正”兵会合交战，然后利用“奇”兵辅助，出奇制胜。所以，善于运用奇兵的人，其战术繁复多样，就像天地的变化一样，无穷无尽，又像江河一样，永不枯竭。终而复始，无穷无尽，犹如日月起落轮回一般；死而复生，周而复始，就好比四季更迭一般，没有尽头。声音不过宫、商、角、徵、羽五个音阶，然而用这五种音阶变化组合，就能创造出永远也听不完的音乐；颜色不过青、赤、黄、白、黑五种，然而用这五种色调变化组合，就能产生出永远看不完的色彩；味道不过甜、酸、苦、辣、咸五种，然而用这五种味道相互调和，就能产生出永远也尝不完的美味。战争中的势态、战法，不过“奇”“正”两种，然而运用巧妙手段，将“奇”“正”变化组合，就能产生出无穷无尽的战术。“奇”“正”也是可以相互转化的，它就像沿着圆环旋转一样，永远也到不了头，有谁能够穷尽它呢?

【解析】

这一段，孙子重点阐明了用兵作战要讲求善于变化、出奇制胜的观点。

孙子的这句“凡战者，以正合，以奇胜”，自古以来都是兵家的至理名言，被无数将帅奉为圭臬。其实，不只是孙子认为用兵作战要讲求“以奇胜”，就连老子也秉持“以正治国，以奇用兵”的观点。正，是常道，是不变的原则，奇，是权变，是因时、人、地、事而制宜的手段，二者相互配合，缺一不可。

那么，在用兵作战时，何时用“正”，何时用“奇”呢？三国枭雄、曹魏奠基人曹操的建议是：“先出合战为正，后出为奇。”唐代道家思想理论家、政治军事理论家李筌则认为：“当敌为正，旁出为奇。”北宋著名诗人梅尧臣则认为：“动为奇，静为正。”这些都是从正、奇的本质来说。而从正、奇的运用来说，则用险求胜、佯动欺敌、敌认为我空虚而实际上准备周全是为“奇”。

奇、正是难以定义的，因为奇正总是相生，虚实总是相辅，正可以变作奇，奇也可以化作正，因此领兵作战的将领需要做的就是穷其智慧，顺应变化来做好奇正的部署，凭借无穷的变化来取胜。

【原文】

激水之疾[①]，至于漂石者，势也；鸷鸟[②]之疾，至于毁折者，节[③]也。是故善战者，其势险，其节短。势如彍弩[④]，节如发机[⑤]。

【注释】

①疾：急速。

②鸷鸟：指凶猛的鸟。

③节：节奏。

④彍弩：拉满的弓弩。

⑤发机：扣动弩机。

【译文】

湍急的流水疾驰奔泻，甚至能漂动大石，这是因为它有强大的水势；鸷鸟速度飞快，以至于能迅速捕杀锁定的鸟兽，是因为它掌握了急促的节奏。因此，善于作战的指挥者，也一定是能够制造险峻势态的人，他进攻的节奏必然是极度短促的。善战者所造成的“势险”就如同拉满的弓弩一样，随时可以发射，进攻的“节奏”就如同扣动弩机那样，突然就可以发生。

【解析】

这一段，孙子讲的是“势”的重要性。

本篇所讲的“势”，就是兵势。“势”这个字的本义，就是力量、威力的意思，是力的表现。水势之所以能漂动大石，鸷鸟之所以能迅速捕杀猎物，就是因为他们的力量强大，他们的速度够快。用兵作战也是如此，军队由静止的状态迅速运动起来所造成的威力，就是兵势，也具有能击败对手的强大力量。孙子对“势”的赞美，也体现出他一贯地追求主动、迅速的战争原则。

所以，孙子认为善于用兵的将帅，他的气势一定要强盛如张满的弓弩，随时准备射击目标；他的节奏要快捷如扣动弓弩的扳机，快速闪电地射出箭矢，使敌人不能抵挡。

【原文】

纷纷纭纭①，斗乱②而不可乱也；浑浑沌沌③，形圆④而不可败也。乱生于治，怯生于勇，弱生于强。治乱，数⑤也；勇怯，势⑥也；强弱，形也。故善动⑦敌者，形⑧之，敌必从之；予之，敌必取之。以利动之，以卒⑨待之。

【注释】

①纷纷纭纭：纷杂混乱。此处指代旗帜繁乱。

②斗乱：混乱。指战斗状态。

③浑浑沌沌：此处指战车转动，人马奔驰。

④形圆：圆形的阵型。

⑤数：军队的编制。

⑥势：指军事态势。

⑦动：调动。

⑧形：指以假象迷惑敌人。

⑨卒：重兵。

【译文】

旌旗纷杂，局势混乱，但自己组织指挥的军队有条不紊；战车转动，人马往来奔驰，但自己组织指挥的军队沉着冷静、应付自如，如此自然立于不败之地。在一定的条件下，“乱”可以产生于“治”，“怯”可以产生于“勇”，“弱”可以产生于“强”。是“治”还是“乱”，取决于军队的组织编制；是“勇”还是“怯”，取决于势态的优劣；是“强”还是“弱”，取决于力量的大小。所以，善于调动敌军的人，会向敌军示以假象，而敌军则一定会为其所骗；他们给敌军一点好处，敌军便为其所诱。他们最擅长的就是用小利引诱敌军，之后部署重兵来严阵以待。

【解析】

这一段，孙子讲的是善于作战的人如何创造有利于己方的“势”。

如何才能创造有利于己方的“势”呢？孙子认为要从敌我两个方面来着手。

首先，要保证我方的军队治理严整，临危不乱。众所周知，两军交战之时，旌旗纷纷，人马纭纭，战场十分混乱，而我军却要能保持自己的指挥丝毫不乱；我军士兵要作战勇敢、坚强，而不能表现出懦弱、退缩。可以说，只要自己一方处变不惊，在战争中已经成功了一半。

其次，要善于调动敌军，即对敌军采取两个方法：以形诱之、以利诱之。以形诱之，就是向敌军展示一种真假难辨的假象，敌军必然会被迷惑。以利诱之，就是给予敌军一点点实际利益作为诱惑，敌军必然会趋利而来，从而为我方所调动。

【原文】

故善战者，求之于势，不责①于人，故能择人而任势。任势者，其战人②也如转木石。木石之性，安则静，危③则动，方则止，圆则行。故善战人之势，如转圆石于千仞之山者，势也。

【注释】

①责：苛求。

②战人：指挥士卒作战。

③危：危险。此处指地势倾斜、陡峭。

【译文】

所以，善于指挥作战的人追求的是有利于己方的“势”，而不是去严苛要求自己的士兵，因此，他们能选择合适的人才去利用已形成的“势”帮助自己取胜。那些善于利用“势”的将领在指挥部队作战时，就像转动木头和石头一样。木头和石头的特性是，当处于平坦地势时，就静止不动，处于倾斜、陡峭的地势时就会滚动，方形的物体容易静止，圆形的物体容易滚动。所以，善于指挥作战的人所造就的“势”，总是像从很高的山上把圆石滚下来一样，势不可当。这就是军事上所谓的“势”。

【解析】

这一段，孙子对善于利用“势”的将领给予了高度的赞扬。

孙子认为，一个善于利用“势”的将领，不会对己方的士兵提出严苛的要求，而是去选择合适的人才利用已经形成的“势”来帮助自己取胜。这其实很好地反应了孙子的人才观：量才适用。毕竟，寸有所长，尺有所短，每个人都有各自的长处和短处，只有使各类人才的才能与智慧真正用在刀刃上，才能充分发挥其应有效能。

在孙子看来，那些在作战时善于利用“势”的人，就像转动木头和石头一样轻松。要知道，木头和石头都有一个很大的特点，那就是它们只有处于倾斜、陡峭的地势时才能迅速滚动起来，发挥巨大的威力。如何把巨大的木头和石头移到那险峻的高山之巅，如何让它们从险峻的斜坡迅疾滚下，对敌方造成巨大的威胁，这都是一个希望善于利用“势”的将帅所必须要考虑的问题。

虚实篇第六

本篇主要论述指挥作战如何争取主动权，灵活地打击敌人。孙武认为，要取得主动，要善于诱敌以利，调动敌军而不被敌军所调动，要善于了解敌情和敌方隐瞒我军的意图、行动和用兵规律。如果能做到这些，就能掌握主动，集中我军兵力，分散敌军兵力，利用敌军的弱点和错误，以众击寡，避实击虚，因敌而制胜。

【原文】

孙子曰：凡先处①战地而待敌者佚②，后处战地而趋战[3]者劳。故善战者，致人[4]而不致于人。能使敌人自至者，利之也；能使敌人不得至者，害之也。故敌佚能劳之，饱能饥之，安能动之。

【注释】

①处：到达，占据。

②佚：安逸，从容。

③趋战：仓促应战。

④致人：调动别人。

【译文】

孙子说：凡是先到达战场并牢牢占据战场，从容等待敌人的，就获得了主动权；而后到达战场，匆忙投入战斗的就会身处被动，从而为疲劳所累。所以，善于指挥作战的人，一定是能成功调动敌人而不被敌人所调动的。一定能使敌人自动进入预设好的区域的，是因为用小利引诱了他；能使敌人不能到达其预定地域的，是因为给敌人制造了困难。当敌人休整较好时，能设法让其疲劳；当敌人给养充足时，能设法使之处于饥饿；当敌人安稳不动时，能设法让敌人行动起来。

【解析】

战争的胜负，是以制服与被制服来判断的，如果你制服了敌人，你就取胜，如果你被敌人制服，那你就是战败。而在战争中取胜的一个重要条件，就是抢占先机，掌握战争的主动权，这也很好地体现了孙子一贯的“兵贵速胜”思想。

在孙子看来，掌握战争的主动权，就是自己先做好准备，然后等待敌人，这样就能以逸待劳；而如果你没有掌

握战争的主动权，那你就只能被敌人牵着鼻子走，处于被动挨打的境地。所以，一个善于用兵作战的将领，总是会采取各种方式将敌人调动起来，而不是被敌人调动。

孙子的这种掌握战争主动权的思想，不仅适用于战争，其实也适用于世界上存在的各种竞争和斗争中。无论是我们的工作还是生活，只要双方存在相互对立、相互竞争的关系，那必然是谁掌握了竞争过程中的主动权，谁就能赢得更好的发展，获取更多、更大的利益。

【原文】

出其所必趋，趋其所不意。行千里而不劳者，行于无人之地也。攻而必取者，攻其所不守也。守而必固者，守其所不攻也。故善攻者，敌不知其所守；善守者，敌不知其所攻。微乎微乎[①]，至于无形；神乎神乎[②]，至于无声，故能为敌之司命[③]。

【注释】

①微乎微乎：微妙啊微妙。

②神乎神乎：神奇啊神奇。

③司命：命运的主宰。

【译文】

要向敌人不设防的地区进军，更要急速到达敌人所预料不到的地点，然后展开快速攻击。之所以行军千里而不疲惫，是因为走的是敌人所没有设防的地区。之所以进攻就一定会获胜，是因为攻击的是敌人所不设防的地方。防守之所以异常稳固，是因为守的是敌人不进攻的地方。所以，真正善于进攻的人，一定是出其不意的，让敌人不知道他从哪里进攻；而善于防守的人，则是准备充分的，能使敌人不知道该从哪里或怎样进攻。微妙啊微妙，竟然见不到一点痕迹；神奇啊神奇，居然找不到半点的漏洞。这样，就能成为敌人命运的主宰，胜利也是必然的了。

【解析】

这一段，孙子还是继续在讲掌握战争主动权的问题。

孙子的这种掌握战争主动权的思想，其精髓就是要利用虚虚实实的谋略来调动敌人而不被敌人调动，克敌制胜。这就需要我方的将帅要善于运用计谋，制造出虚虚实实、真真假假的幻形来使敌人迷惑、恐惧：在敌人认为是假象的地方，埋伏重兵，趁敌不备，给予敌军致命性的打击；在敌人认为是真相的地方，却故意隐藏身形，按兵不动，让敌人摸不清事实，进退两难。而一旦敌人被我方虚虚实实、真真假假的幻形弄得晕头转向之后，敌人就尽在我们的掌控之中，任我们调动了。

因此孙子才说："故善攻者，敌不知其所守；善守者，敌不知其所攻。"善于进攻的将帅，能让敌人不知道该如何防守；善于防守的将帅，能让敌人不知道该如何进攻。这样的进攻，难道不是最好的进攻吗？这样的防守，难道不是最好的防守吗？

【原文】

进而不可御者，冲其虚也；退而不可追者，速而不可及[①]也。故我欲战，敌虽高垒深沟，不得不与我战者，攻其所必救也。我不欲战，画地而守之，敌不得与我战者，乖其所之[②]也。

【注释】

①及：到。此处是追上的意思。

②乖其所之：改变敌人的去向。乖，背离，违背。

【译文】

进攻时敌人无法抵御，是因为攻击的是敌人兵力薄弱的地方；撤退时敌人无法追击，是因为行动迅速，没给敌人反应时间。所以，当我军想要交战时，哪怕敌军有高垒深沟，（怀着闭门不战的想法，）也不得不出来与我军交战，之所以如此，是因为我军攻击了它非救不可的要害之处。当我军不想与敌军交战时，哪怕我们只是在地上画条线作为防守的屏障，敌军也无法与我军交战，之所以如此，是因为我军已经诱使敌人改变了进攻的方向，他们朝别处去了。

【解析】

这一段，孙子继续在阐述什么是最好的进攻和防守这个问题。

在孙子看来，最好的进攻，就是攻击敌人的虚弱之处；最好的撤退，就是行动快速得敌人根本反应不过来，摸不着头脑。孙子推崇的真正的善战者，必须要具备两个特征：想战就战，即便敌方防守严密，也能逼得敌方出来应战；想守就守，即便防守的屏障就如在地上画条线那般简单、薄弱，敌方却也无法迈过来。

为什么善战者能想战就战？因为他懂得“攻其必救”，就是攻击敌方必须要救助的地方，这是“实”的战术。为什么善战者能想守就守？因为他懂得迷惑敌方，诱使敌方改变进攻方向，这是“虚”的战术。

只有善用虚实，调动敌方，而不是为敌方所调动，才能真正掌握战争的主动权。

【原文】

故形人[①]而我无形，则我专而敌分。我专为一，敌分为十，是以十攻其一也，则我众敌寡。能以众击寡者，则吾之所与战者约[②]矣。吾所与战之地不可知，不可知则敌所备者多。敌所备者多，则吾所与战者寡矣。故备前则后寡，备后则前寡，备左则右寡，备右则左寡，无所不备，则无所不寡。寡者，备人者也；众者，使人备己者也。

【注释】

①形人：此处指诱使敌人暴露形迹。

②约：少。

【译文】

所以，要诱使敌军暴露形迹而让我军处于隐蔽状态，这样，我军的兵力就可以集中，而且易于用计使敌军的兵力分散。我军把兵力集中于一点，而敌人分散在十处，就相当于我军以十倍于敌人的兵力攻打敌人，从而出现我众敌寡的态势，自然有利于我军。之所以能做到以众击寡，是因为与我军直接交战的敌军变少了。此时，我军所设定的战场在哪里，敌军不知道，因此敌军就会处处分兵设防，以防万一。如此，敌军所防备的地点越多，则直接和我军交战的部队就会越少。所以，他们充分防备了前面，后面的兵力就会不足；充分防备了后面，前面的兵力就会不足；充分防备了左边，右边的兵力就会不足；充分防备了右边，左边的兵力就会不足；处处都防备，就处处兵力不足。敌军之所以兵力薄弱，是因为处处设置防备，分散了自己的力量；我军之所以兵力充足，是因为迫使敌人处处设防备，分散了他们的力量。

【解析】

这一段，孙子讲的是如何营造我众敌寡的态势，并做到以众击寡，从而取胜的方法。

战争的军事目的，无非是消灭敌人，保存自己。在孙子看来，要实现这一目的，必须要巧妙地伪装自己，以欺骗和迷惑敌人，否则就不可能既消灭了敌人而又保存了自己。尤其是在敌我力量相当的时候，或是敌人力量远比我方强大的时候，要想既消灭了敌人又保存自己，就应采取孙子在这里所说的“形人而我无形”的方法。

什么是“形人而我无形”呢？“形人”，就是使敌人暴露行迹；“而我无形”，就是我方不露行迹。使敌人暴露行迹而我方不露行迹，那自然我方就能进行周密的部署并集中兵力战胜敌人。这其实是一种出奇制胜的作战指导思想，营造我众敌寡态势的前提。因为“形人而我无形”使得敌方军力分散而我方军力集中，交战起来自然是我众敌寡、以众击寡的态势，因为与我军直接交战的敌军变少了。

【原文】

故知战之地，知战之日，则可千里而会战；不知战地，不知战日，则左不能救右，右不能救左，前不能救后，后不能救前，而况远者数十里，近者数里乎？以吾度[①]之，越人[②]之兵虽多，亦奚[③]益于胜哉？故曰：胜可为也。敌虽众，可使无斗[④]。

【注释】

①度：推测，判断。

②越人：即越国人。春秋时越国和吴国经常相互征伐，孙武为吴王讲兵法时也常以越国为假想敌。

③奚：疑问词，相当于“何”的意思。

④无斗：无法战斗。

【译文】

所以，能预知与敌人交战的地点，又能预知与敌人交战的时间。那么，即使行军千里也可以顺利与敌人交战；相反，如果不能预知与敌人交战的地点，也不能预知与敌人交战的时间，便只能毫无准备，仓促迎敌，那样必然陷入被动，从而导致左翼不能救右翼，右翼不能救左翼，前面不能救后面，后面不能救前面，近在咫尺尚不能救，更何况远的有数十里远，连距离近的也有好几里远呢？所以，我推断，越国的军队虽然很多，但如果战术不对，一样对他们没有任何帮助。所以说：胜利是可以创造的，只要战术运用得体，即使敌人兵多将广，一样可以让他们没有战斗力，进而为我军所制。

【解析】

这一段，孙子讲述的是战术对取胜的重要性。

在孙子看来，战争的胜利其实是可以创造的，只要战术运用得当，即便敌方兵多将广，依然能够控制敌方，最终制服敌方。

什么才算是战术得当呢？孙子认为要具有两个特点：能预知与敌人交战的地点，又能预知与敌人交战的时间，其实质还是要掌握战争的主动权，让敌方为自己所调动，自然就容易取胜。同理，如果不能预知与敌人交战的地点，也不能预知与敌人交战的时间，自然就是战术不当，结果也自然是失败。

可以说，孙子在这一段再次阐明了人的主观能动性。

【原文】

故策①之而知得失之计，作②之而知动静之理，形之而知死生之地，角③之而知有余不足之处。故形兵之极，至于无形。无形，则深间不能窥，智者不能谋。因形而错胜于众，众不能知；人皆知我所以胜之形，而莫知吾所以制胜之形。故其战胜不复，而应形于无穷。

【注释】

①策：分析，判断。

②作：诱使敌人行动。

③角：比较。此处指试探性的进攻。

【译文】

所以，通过分析便可以判断敌人作战计划的优劣得失，诱使敌人行动便可以了解其动静规律，通过陈师布阵的演练就可以知道所处地形是生地还是死地，通过试探性进攻就可以探明敌人兵力布置是否完善。因此，陈师布阵的方法运用得极为巧妙时，便可以做到一点形迹也没有。如果丝毫不暴露行迹，那么即使隐藏再深的间谍也不能探明我方的真实情况，再足智多谋的对手也想不出对付我方的办法。甚至可以做到，即使把取胜的策略摆在众人面前，人们也想不出我方是怎样打胜的。人们都知道我方克敌制胜的方法，却猜不出我方是怎样运用这些方法取得胜利的。所以，没有一成不变的方法，每次取胜也都不会重复前一次的方法，而是根据现实情况做出一定的调整，运用无穷变化的战术，制订出最符合当时情势的作战方案来。

【解析】

这一段，孙子着重阐述了战术的灵活运用的重要性。

在孙子看来，一个善于用兵作战的将帅，必须要做好四点：一是通过分析就能知晓敌人作战计划的优劣长短；二是通过诱使敌人行动来了解其行动的规律；三是通过示形诱敌来摸清其所处地形的有利与不利；四是通过战斗侦察来探明敌人兵力部署的虚实强弱。如何做好这四点呢？还是孙子前面所讲的那个方法——“形人而我无形”。

不过，孙子认为克敌制胜的关键，不在于战术是否隐蔽，而在于战术的运用是否最符合当时的情势。即使是把取胜的策略摆在敌人眼前，敌人也想不出我们是如何取胜的，这才是最为高明的战术运用。

【原文】

夫兵形象水，水之形，避高而趋下；兵之形，避实而击虚。水因地而制流，兵因敌而制胜。故兵无常势①，水无常形；能因敌变化而取胜者，谓之神②。故五行③无常胜，四时无常位，日有短长，月有死生④。

【注释】

①势：形态。

②神：指用兵如神。

③五行：金、木、水、火、土。因其互为生克，故说五行无常胜。

④月有死生：月有圆缺，此处指月亮圆与缺的变化。

【译文】

作战就好比流水，水的流动方式是远离高处而向低处流淌，作战取胜的方法则是避开防备坚固之处，攻其薄弱的环节。水会自动根据地势来决定自己的流向，军队也应该根据敌情随时制定取胜的方略。所以用兵作战就像流水一样，没有一成不变的态势。真正的用兵如神者，一定是能够根据敌情随时改变制胜策略的。所以，用兵作战的性质，就像金、木、水、火、土五行一样，互为本末，又相生相克，没有哪个能够常胜；也像春、夏、秋、冬四季依次交替一样，没有哪个季节能够固定不移；同时，也像白天有短有长，月亮有圆有缺一般，永远处于变化之中。

【解析】

这一段，孙子通过对水的避高而居下、因地而制流的品质的赞美，很好地阐明了用兵作战也应秉持避实而就虚、因敌而制胜的原则。

对于孙子的这种“兵形象水”的思想，唐代诗人杜牧的解析可谓十分贴切：“水之形因地乃有，形不在水，故无常形；水因地之下，则可漂石；兵因敌之应，则可变化如神者也。”“形不在水”，看起来主动权不在水身上，水却能以变化万千“无常形”的方法掌握住主动权。在孙子看来，用兵作战也应如此，看起来塑造战争有态势的主动权不在我方，但如果我方能像水一样变化万千“无常形”，自然就能做到“无常势”，牢牢将战争的主动权握在手中。

众所周知，水向低处流，用兵作战也要顺应敌情，攻击敌人的虚弱之处，敌弱就衬托得我强，这就是乘其弱势而用我之强势。

老子曾说：“天下莫柔弱于水，而攻坚强者，莫之能胜。”水至柔却又至强，这正是孙子希望将帅们所能达到的战争境界。

军争篇第七

本篇论述的是如何通过机动应变掌握主动，先于敌人造成有利态势和取得制胜的条件。孙武认为，两军相争时，最困难的莫过于懂得将迂曲视为径直，以不利为有利，比敌人后出动而先到达必争之地，先于敌人取得制胜的有利条件。孙武还指出，要先于敌人取得制胜的条件，必须避免轻率冒进，要紧跟各国动向，了解道路、地形，重视向导，善于欺骗敌人，根据情况分散或集中使用兵力，擅长指挥军队，根据军队的士气、军心和军力，因敌而变，从而夺取胜利。

【原文】

孙子曰：凡用兵之法，将受命于君，合军聚众，交和而舍，莫难于军争。军争之难者，以迂①为直②，以患③为利。故迂其途而诱之以利，后人发④，先人至⑤，此知迂直之计者也。

【注释】

①迂：迂回曲折。

②直：指直道。

③患：祸患，不利。

④后人发：比别人出发晚。

⑤先人至：比别人到达早。

【译文】

孙子说：但凡用兵的方法不外乎此：将帅从国君那里接受命令，之后征集民众、组织军队，然后整装出发，同敌人对阵。在这些环节中，最难的要算如何争得制胜的先机。要想争得制胜的先机，最困难的莫过于把迂回曲折的弯路转变为笔直的捷径，把对我们不利的条件转变为对我们极为有利的条件。所以，娴熟运用迂回绕道的方法，再用小利去引诱敌人，这样就能做到虽然比敌人后出发，却可以先到达从而抢先占领阵地，这就是懂得了“以迂为直”的道理。

【解析】

在本篇伊始，孙子就提出了用兵作战要秉持“以迂为直”的原则。

孙子是崇尚“兵贵速胜”的，认为速度是决定战争成败的重要因素，而要做到作战时行动迅速，就要懂得“以迂为直”的道理，毕竟直线才是两点间最短的距离，走直线才能保证以最快的速度到达目的地。

如何做到“以迂为直”呢？孙子认为就要懂得把对我方不利的条件转变为对我方极为有利的条件，其实就是趋强避弱，选择阻力最小的地方作为突破口，选择敌人力量最为薄弱、最不设防的地方去攻击，自然就能更快地达到制服敌人的目的。

【原文】

故军争为利，军争为危。举军[①]而争利，则不及；委军[②]而争利，则辎重[③]捐。是故卷甲而趋[④]，日夜不处[⑤]，倍道兼行，百里而争利，则擒三军将，劲者[⑥]先，疲者后，其法十一[⑦]而至。五十里而争利，则蹶上将军，其法半至。三十里而争利，则三分之二至。是故军无辎重则亡，无粮食则亡，无委积[⑧]则亡。

【注释】

①举军：全军。

②委军：丢弃辎重。委，丢弃，抛弃。

③辎重：指粮秣、军械等军需物资。

④卷甲而趋：卷起铠甲快速前进。

⑤处：停止，休息。

⑥劲者：健壮的士卒。

⑦十一：十分之一。

⑧委积：指军需物资储备。

【译文】

战争自然存在有利的一面，但同时，战争也有危险的一面。如果率领全部军队，带着所有辎重去跟别人打仗，那么很可能因为负重太多，不能及时到达预定位置，从而失去先机；可是，如果丢弃辎重或抛弃一小部分行军速度慢的部队，轻装去打仗，那么，装备辎重就会损失，从而导致失败。所以，命令手下士兵们卷起铠甲快速前进，日夜不休地加速行军的将军就可能被俘获。如果太过着急，从而导致强壮的士兵先到达，疲弱的士兵掉了队，远远落在后面，那么结果就是只有十分之一的兵力赶到战场（，同样无益于作战）；急速奔走五十里去争利的部队，其将领很可能会受挫折，其结果多半是只有半数的兵力及时赶到战场；若是急速奔走三十里去争利，其结果最多也只有三分之二的兵力及时赶到。因此，部队没有辎重就会失败，没有粮食供应就不能生存，没有足够的物资储备就无法坚持作战。

【解析】

这一段，孙子讲的是行军作战中的辎重问题，实质还是在讲如何做到“以迂为直”。

众所周知，行军作战不是只带上士兵就可以，还要带上战斗所要使用的军械，士兵要吃的粮食、要用的被服，战马要吃的干草等物资，这些物资被称为“辎重”，辎重自古以来就是行军作战的一个重大问题。因为抢夺战争先机需要行军迅速，而辎重问题处理不好，就容易使己方失去战争先机，从而导致失败。

其实，辎重问题也就是两个问题，一是辎重太多导致行军速度缓慢，二是辎重太少导致补养不足、兵力虚弱。这两个问题都会导致我方失去战争的先机，因此必须要慎重对待、谨慎思考。

【原文】

故不知诸侯之谋者，不能豫交[①]；不知山林、险阻、沮泽[2]之形者，不能行军；不用乡导[3]者，不能得地利。

【注释】

①豫交：和诸侯结交。豫为《九地篇第十》“预交”中“预”的本字，原意为参与。

②沮泽：水草丛生的沼泽地。

③乡导：即向导，指给军队带路的人。“乡”通“向”。

【译文】

所以，（要想取胜，第一步是熟悉。就比如，）不了解诸侯列国的战略企图，就无法取得他们的认同，与之结交；不熟悉山林、险阻、沼泽等地形，就无法很好地行军；不使用向导，就无法有效地利用有利地形。

【解析】

在孙子看来，要做到“以迂为直”，很重要的一点就是要提前做好准备工作。

如何提前做好准备工作呢？孙子认为需要从两个方面入手：一是外交方面，只有提前了解各国的战略企图，才能投其所好，与之结交；二是行军作战方面，只有提前熟悉交战之地的山林、险阻、沼泽等地形，才能避开险境，以最快的速度到达交战地，抢得战争的主动权，加大获胜的把握。如果不是自己所熟悉的地理环境，孙子则建议最好使用熟悉当地地形地貌的向导，这样才能拥有“地利”的优势。

【原文】

故兵以诈立，以利动，以分合为变者也。故其疾[1]如风，其徐[2]如林，侵掠如火，不动如山，难知如阴，动如雷震；掠乡分众，廓地分利，悬权而动。先知迂直之计者胜。此军争之法也。

【注释】

①疾：快速。

②徐：缓慢。

【译文】

所以，用兵作战最重要的就是用“诈”，实际操作中，要根据是否有利来采取行动，要根据双方情势进行对比分析，然后决定是分散还是集中。所以，军队快时就要迅猛得像狂风，呼啸而至；慢时就要似树林那般严整安静；攻击敌人时就要像燎原的烈火；按兵不动时就要像岿然屹立的山岳；隐蔽时就要像阴天看不清日月星辰那般不露痕迹；行动时就要像雷霆，以万钧之势让敌人不及掩耳。要掠取敌人的作战物资并将其民众分散，要扩张地域，之后分兵把守以确保不被抢走；要权衡利害得失然后相机而动。总之，谁先懂得以迂为直的方法，谁就能取得最后的胜利。这就是战争的法则。

【解析】

这一段，孙子在前几段的基础上，讲到了“以迂为直”的关键就是要诡诈多变。

前面讲到，辎重过多会影响行军速度，辎重过少又会导致补养不足、兵力虚弱，怎么做都会有不利的影响，如何把不利于我方的因素转化成有利于我方的因素呢？这就需要诡诈多变的战术，其核心就是要根据是否有利来决定自己的行动，这样就能利用分散或集中兵力的方式来变换战术。

因为知道快速出击对我方有利，于是便能行军迅速如同疾风骤起，冲锋时犹如迅雷不及掩耳之势，攻击敌人犹如烈火般猛烈；因为知道稳步防守对我方有利，于是便能行军舒缓如同森林里的树木般森然有序，隐蔽行迹犹如浓云遮蔽日月般严实，防御时犹如山岳般岿然不动。

在孙子看来，只有牢牢掌握战争的主动权，让敌人为我方所调动，才是真正的“以迂为直”。

【原文】

《军政》[①]曰：“言不相闻，故为金鼓[②]；视不相见，故为旌旗[③]。”夫金鼓旌旗者，所以一人之耳目也。人既专一，则勇者不得独进，怯者不得独退，此用众之法也。故夜战多火鼓[④]，昼战多旌旗，所以变人之耳目也。

【注释】

①《军政》：古代的兵书。

②金鼓：古代夜战时用来指挥作战、传递信号的工具。

③旌旗：泛指作战用的各种旗帜。

④火鼓：当为“金鼓”之误。

【译文】

《军政》里说：“部队作战时，指挥官用话语传递指挥信息士兵们是难以听到的，所以给部队设置了金鼓，并赋予各种击鼓节奏以特定信息，从而用来指挥作战、传递信号；作战时用动作来指挥，士兵们会看不清或看不见，所以，部队都是用旌旗来指挥作战。”因此，金鼓和旌旗都是用来传递信息、统一士兵视听及作战行动的。有了它们，全军的士兵都能服从于统一的指挥，这样，勇敢的士兵就不会单独冒进，胆怯的士兵也不会独自退却了。这就是指挥大规模部队的方法。所以，夜间作战多用金鼓指挥，而白天打仗多用旌旗指挥，这些变化都是用来适应士卒们的视听的。

【解析】

这一段，孙子阐明了金鼓和旌旗对于战争指挥的重要性，实质是在说一个完备的指挥调度制度对实现军队的有效指挥、建立一支战场纪律严明的军队有着十分重要的作用。

要使军队纪律严明，首先就要让将帅的个人意志贯彻到每一个士兵身上，尤其是在嘈杂声震天、硝烟弥漫、混乱不堪的战场，光靠将帅的声音发号施令肯定是行不通的，于是能发出巨大声音的金鼓和能为更多人所见的旌旗就成了将帅发号施令的工具。

金鼓即四金和六鼓，四金指金錞、金镯、金铙、金铎；六鼓指雷鼓、灵鼓、路鼓、鼖鼓、鼛鼓、晋鼓。将帅要命令军队行动与进攻，就打鼓，即鸣鼓而攻；将帅要命令军队停止或退回，就击钲，即鸣金收兵。

旌旗，本指将帅用兵作战时的两种指示物（旌是羽毛指示物，基层部队使用；旗是布面指示物，高层部队使用），后来代指军队所使用的旗帜，既是军队将帅所在的象征，也是将帅用来指挥作战的工具。将帅通过指挥旗手挥舞旌旗来指挥军队的进退。

金鼓和旌旗的使用，也是将帅在用兵作战时善于变化的一种表现。

【原文】

故三军可夺气[①]，将军可夺心[②]。是故朝气锐[③]，昼气惰[④]，暮气归[⑤]。故善用兵者，避其锐气，击其惰归，此治气[⑥]者也。以治待乱，以静待哗，此治心者也。以近待远，以佚待劳，以饱待饥，此治力者也。无邀正正之旗，勿击堂堂之陈，此治变者也。

【注释】

①夺气：挫伤士气。

②夺心：动摇决心，此处指动摇军心。

③锐：此处指气盛。

④惰：懒惰，懈怠。

⑤归：此处指士气衰竭。

⑥治气：掌握士气。

【译文】

所以说，三军士卒的锐气是可以挫伤的，三军士卒的决心也是可以动摇的。一般来讲，军队初战时，大都士气饱满，个个锐不可当；过了一段时间之后，士气就会变得低落，不再那么勇猛了；等到了战争后期，士气就会衰竭，所剩无几。因此，善于用兵的人，总是避开敌人的锐气，而趁其士气低落衰竭时发起猛攻，这就是正确掌握士兵士气的方法。懂得用严整来应对敌人的混乱，用沉着镇定来应对敌人的躁动与喧哗，这就是正确掌握军心的方法。自己先行靠近战场，之后等待远道跋涉而来、已经变得疲惫的敌人；用自己的从容来应对疲惫不堪的敌人，自然能掌握主动；用己方已经酒足饭饱的士兵来等待粮尽人饥的敌人，这就是正确的指挥军力的方法。一定不要去迎击旗帜整齐、队伍统一的军队，也不要去攻击阵容整肃、士气饱满的军队，这就是正确掌握随机应变的方法。

【解析】

这一段，孙子讲的是善于掌握运用军队士气的方法。

孙子认为，只要掌握了运用军队士气的方法，就能摧毁敌军的士气，就能动摇敌军将帅的决心。在孙子看来，两军交战时，军队的士气一般是一个由强到弱的过程：刚开始投入战斗时，士气大多高涨；战斗一段时间后，体力有所消耗导致身体变得疲惫，士气就会有所减低；到了最后，体力已经被极大地消耗，尤其是战斗遭遇挫折后，士气就会完全衰竭。这就是《左传•庄公十年》中所说的："夫战，勇气也。一鼓作气，再而衰，三而竭。"

鲁庄公十年时，齐国攻打鲁国，闻听齐大军压境，鲁庄公和群臣大惊失色，不知所措。这时，一直隐居梁甫山的曹刿求见庄公，主动要求为抵抗齐军出谋划策，并最终凭借其对士气"一鼓作气，再而衰，三而竭"的由强至弱特征的清醒认知，选择在敌军士气衰竭的时候攻击，以强对弱，最终打败齐军，也由此成就了"一鼓作气"的典故。

可见，掌握人心才是最厉害的战术，因为战争毕竟是人的战争。

【原文】

故用兵之法，高陵勿向[①]，背丘勿逆[②]，佯北[③]勿从[④]，锐卒勿攻，饵兵[⑤]勿食，归师[⑥]勿遏，围师必阙[⑦]，穷寇勿迫。此用兵之法也。

【注释】

①向：指从下向上仰攻。

②逆：指迎面进攻。

③北：败北。

④从：跟从，跟踪。

⑤饵兵：指引诱我军的诱战部队。

⑥归师：退却的敌军。

⑦阙：通“缺”，空缺。

【译文】

所以，正确的用兵方法是：当敌军占领山地中的高地时不要迎面仰攻，因为他们占据地理优势；敌军背靠高地时不要正面迎击，因为他们无路可退必然奋勇反抗；对于假装败退的敌人不要跟踪追击，因为对方多半会设置陷阱；面对敌人的精锐部队时，不要强攻，要懂得避其锋芒；发现敌人的诱兵时，不要想着去消灭，因为多半是计策；对于已经决定撤退的部队不要去阻截，否则会招来反抗；包围敌军时，一定要留出一个缺口，否则会激起敌人最激烈的反抗；对于陷入绝境的敌人不要过分逼迫，否则会增强他们的士气。这些都是用兵的基本原则。

【解析】

这一段，孙子阐述了七大正确用兵方法，这些也都是用兵的基本原则。

孙子所说的这七大正确的用兵方法看起来很简单，不过是：对占据高地、背倚丘陵的敌军，不要做正面仰攻；对于假装败逃的敌军，不要跟踪追击；对于敌军的精锐部队，不要强攻；对于敌军的诱饵之兵，不要贪图歼灭；对于正在向本土撤退的敌军，不要去阻截；对于被包围的敌军，要预留缺口；对于陷入绝境的敌军，不要过分逼迫。但判断敌军是否占据高地、背倚丘陵比较容易，判断敌军是假装败逃还是真正败逃，判断敌军是精锐部队还是乌合之众，判断敌军是否诱饵之兵，就需要我方的将帅能够深谙人心，并读懂敌军的“人心”。

俗话说得好，“兔子急了也咬人”，更何况是热血铮铮的士兵呢？当人被逼入绝境，必然会奋力一搏，以求生机，士气自然是最旺盛的，如果我方对陷入绝境的敌军过分逼迫，反而会激励敌军的士气，此时交战对我方必然是不利的。这就是人心啊！

九变篇第八

本篇主要论述如何发挥指挥上的灵活性。孙武认为，灵活性的基础在于对利弊进行全面的衡量。只有全面认识利弊，才能设法威胁、困扰和挫败敌国，以利诱敌，才能常备不懈，使敌无机可乘。只有全面看待利弊，在有利的情况下看到不利的因素，在不利的情况下看到有利的因素，方能根据具体情况，趋利避害，采取相应的对策和行动。

【原文】

孙子曰：凡用兵之法，将受命于君，合军聚众，圮地①无舍，衢地②交合，绝地③无留，围地④则谋，死地⑤则战。涂有所不由，军有所不击，城有所不攻，地有所不争，君命有所不受。故将通于九变之地利者，知用兵矣；将不通于九变之利者，虽知地形，不能得地之利矣。治兵不知九变之术，虽知五利，不能得人之用矣。

【注释】

①圮地：指山林、险阻、沮泽等难行的道路。

②衢地：四通八达之地。此处指多国交壤、交通便利的地方。

③绝地：指与后方隔绝、难以生存的地区。

④围地：此处指比较狭隘或者迂回曲折等容易被人包围的地方。

⑤死地：不能生存的地方。此处指面对大规模敌军，同时又没有逃跑路线的地方。

【译文】

孙子说：大凡用兵的方法都是这样的：首先是将帅接受国君的命令，然后征集兵员组建军队出征。出征中，在山林、险阻以及水草丛生的地方绝对不能扎营驻军，在四通八达、交通便利，与他国接壤的地区打仗时，首先要做的是与四邻结交，保证他们不会突然攻打我们。在与后方隔绝、生存条件苛刻的地区一定不要停留，万一此时被包围，就要巧用计谋，创造突围的条件。在身处死地时，就要下定决心，决一死战。打仗时一定要记住，有些道路是不可以走的，有些敌军千万不能攻击，有些城池千万不可以占领，有些地域千万不要争夺，即使是君主的命令，有时也可以不接受。所以，一名将帅如果精通“九变”的具体运用，那么就可以说是懂得用兵之道。如果一名将帅不懂得“九变”的具体运用，那么即使他了解地形，也一样无法获得地利。治兵却不懂得“九变”的方法，那么即使他懂得“五利”，也不能充分发挥军队的作用。

【解析】

军争篇最后所讲的七大正确的用兵方法，主要是针对敌军的“人心”来实施的。这里所讲的用兵的方法，则是针对我方的利弊来实施的。

万事万物都处于不断变化之中，战场的环境也是瞬息万变的，因此如何凭借临场应变的能力来牢牢掌握真正的主动权，是用兵作战的将帅必须要考虑的问题。

老子认为，一个人在世界的生存法则就是“有所为而有所不为”，这是符合“道”的，自然也适用于自然万物，因此一个将帅真正的取胜法则也应当是“有所为而有所不为”。孙子就在此点出了将帅的“有所为”和“有所不为”。“合军聚众”“衢地交合”“围地则谋，死地则战”，是将帅的“有所为”；“圮地无舍”“绝地无留”“涂有所不由，军有所不击，城有所不攻，地有所不争，君命有所不受”，是将帅的“有所不为”。而要做到“有所为而有所不为”，将帅就必须要懂得“九变”的具体运用。

“君命有所不受”，孙子在此第一次提出了享誉后世的“将在外，君命有所不受”的作战原则，强调了将帅对军队的指挥权，这对后世有着极为深远的影响。

【原文】

是故智者之虑，必杂[①]于利害。杂于利而务[②]可信[③]也，杂于害而患可解也。

【注释】

①杂：掺杂，此处有兼顾的意思。

②务：战斗任务。

③信：通“伸”，此处指顺利发展。

【译文】

明智的将帅考虑问题时，一定要兼顾利害，并弄清两者的关系。他要做的是，在有利的情况下考虑不利的因素，这样事情就能顺利发展。同样，身处不利环境中，就要多多考虑有利的因素，这样祸患就可以排除。

【解析】

这一段，孙子阐述的利害二者的辩证关系。

在老子看来，万物都具有对立统一的两面性，利害就是事物对立统一的两面，即利害是相互对立但又能相互转化的。孙子对此明显也是持赞成的态度。战争本来就是一种追逐利益的举动，而这种追求利益的过程却可能带来人力、物力、财力的损害，而要顺利达到战争逐利的目的，尽量降低战争的损害，自然就需要将帅在用它官兵作战时对每一个军事行动都权衡利弊，做到趋利避害。

一个明智的将帅，在思考作战的谋略时，必然要充分考虑和兼顾到有利与有害两个方面，做到临利思害，临害思利，以这样的准则来制定作战方略，自然能达到趋利避害的目的。

【原文】

是故屈[①]诸侯者以害[②]，役[③]诸侯者以业，趋[④]诸侯者以利。

【注释】

①屈：屈服。此处指使人屈服。

②害：这里指害怕、忌讳的事。

③役：役使。

④趋：归附。

【译文】

因此，要通过诸侯害怕的事情迫使诸侯屈服；要通过展示自己的实力，让诸侯产生恐慌，从而陷入慌乱；还要懂得正确使用“利”，通过“利”诱使诸侯归附。

【解析】

这一段，孙子阐述的是制服诸侯的三种方法，其本质还是对于利害的巧妙运用。

孙子认为，只要君主深谙利害之理，善用利害的手段，就能很好地制服诸侯，达到自己趋利避害的目的。对此，孙子从施行利害的方面给出了三种具体的建议：

第一，如果你想要诸侯屈服，那你就用他最害怕的事情去威胁他。

第二，如果你只是想要诸侯忙于应付，没空来给你找麻烦，那你就用最能对他造成威胁的事情去困扰他，使他无暇分身。

第三，如果你想要诸侯臣服、依附于你，那你就要用他想要的利益去引诱他，使他甘心为你所用。

前两条建议都是对诸侯施行“害”，后一条建议则是对诸侯施行“利”，到底是施“害”还是施“利”，就要根据你的利害关系来决定了。

【原文】

故用兵之法，无恃①其不来，恃吾有以待也；无恃其不攻，恃吾有所不可攻也。

【注释】

①恃：依仗，寄希望于。

【译文】

所以，正确的用兵方法是：不要幻想着敌人不来，而是要依靠我方的充分准备，严阵以待，将他们打跑；也不要幻想着敌人不进攻，而是要做好准备，让自己获得敌人无法攻破的力量。

【解析】

这一段，孙子再次阐明了用兵方法的一大原则：做好作战的准备工作。

孙子曾说，“谋定而后动，知止而有得”，意思是，谋划准确周到而后行动，知道在合适的时机收手，才会有收获。孙子的这种“谋定而后动，知止而有得”的用兵作战思想，后来引申为民间谚语“不打无准备之仗,方能立于不败之地”。

孙子在这里讲的，无论敌人前来进攻还是不进攻，我方都必须做好应战的万全准备，才能尽可能将战争的主动权握在自己手中，做到“制敌而不为敌所制”。如果我方没有做好应战准备，万一敌人前来进攻，那仓促应战的结果，必然是漏洞百出，无力抗敌。

【原文】

故将有五危：必死①，可杀也；必生②，可虏也；忿速③，可侮也；廉洁④，可辱也；爱民⑤，可烦也。凡此五者，将之过也，用兵之灾也。覆军杀将，必以五危，不可不察也。

【注释】

①必死：有勇无谋，只知死拼。

②必生：贪生怕死。

③忿速：愤怒急躁。

④廉洁：清廉好名，过于自尊。

⑤爱民：溺爱将士。

【译文】

所以，将领有五种致命的危险，分别是：如果只知道死拼硬打，那么就可能招致杀身之祸；如果一味贪生怕死，那么就可能被敌人俘虏；如果性情暴躁易怒，那么就可能因为受到敌人的一点点轻侮而轻举妄动、陷入被动；如果一味清廉好名，过于爱好面子，就可能因为被侮辱而失去理智，从而做出轻率的举动；如果溺爱军士，就可能导致烦扰而陷于被动。以上这五种情况，都是将领容易犯的过错，会给己方作战带来灾难。那些在战争中全军覆没，连将领也被杀的情况，一定是因为统帅有这五种致命弱点。因此，对于将领可能存在的这些毛病，一定要充分认真地考察和了解，做到有则改之，无则加勉。

【解析】

这一段，孙子阐述了将帅可能面临的五种致命的危险，这也是将帅最容易犯的五种过错，这些过错会给整个军队都带来致命性的危险，是需要每个领兵作战的将帅严阵以待、谨慎对待的。

比如，孙子认为，勇猛是将帅必须要具备的品质，因为“狭路相逢”总是“勇者胜”，在险恶的战争之中，勇猛的人总是能获得更多的生存机会，但如果一个将帅只知道死打硬拼，不懂得运用谋略，那面临的就只能是杀身之祸了。

前文说过，善用士气是战争中取胜的重要方法，如果将帅贪生怕死，自然是不能鼓舞士气的。将帅也不能暴躁易怒，因为那样很容易为敌人所激怒而轻举妄动。将帅清廉好名本是好事，但如果好名过了头，也容易失去理智做出轻率之事。将帅爱护军士也是好事，但如果溺爱军士，就成了坏事了。

行军篇第九

本篇主要讲述了如何配置、组织军队，观察判断敌情和团结将士。孙武认为，行军作战必须占据便于作战和生活的有利地形，善于根据地形配置兵力，必须对敌情进行周密细致的观察，善于深谋远虑，从现象到本质，对各种症结做出正确的判断。孙武还指出，将帅只有在取得士卒的信任后，才能用教育和惩罚相结合的方法训练好士兵，率领全军去争取胜利。

【原文】

孙子曰：凡处军①相敌，绝山依谷，视生处高，战隆无登，此处山之军也。绝水必远水；客②绝水而来，勿迎之于水内，令半济而击之，利；欲战者，无附③于水而迎客；视生处高，无迎④水流，此处水上之军也。绝斥泽⑤，唯亟⑥去无留；若交军于斥泽之中，必依水草而背众树，此处斥泽之军也。平陆处易而右背高，前死后生，此处平陆之军也。凡此四军之利，黄帝之所以胜四帝也。

【注释】

①处军：行军作战中对军队的处置。

②客：古代交战时把进攻的一方称为“客”，防守的一方称为“主”。

③无附：不要靠近。

④迎：逆。

⑤斥泽：盐碱、沼泽之地。

⑥亟：急切，赶快。

【译文】

孙子说：但凡部署军队、判断敌情时，都应该注意：通过山地时一定要靠近有水草的溪谷，而且应该在居高向阳的地方驻扎军队，敌人占领高地时不要向上仰攻敌人，这是在山地战中部署军队的原则。军队横渡江河以后，应在远离湍急水流的地方驻扎。如果敌人渡河来与我军交战，不要在江河中迎击敌人，而要在敌人一部分已经渡河、一部分还未到达河岸时发起攻击，这样对我方最为有利。如果要与敌人决战，切记不要紧靠水边迎敌，要选择居高向阳的地方，不要面对着江河水流迎敌，这是在江河地带决战时部署军队的原则。通过盐碱沼泽地带时，不要停留，要快速离开；如果在盐碱沼泽地带与敌军相遇，那么一定要在靠近水草且背靠树林的地方部署军队，这是在盐碱沼泽地带部署军队的原则。在平原地带与人交战时，要选择平坦、视野开阔的地方安扎军营，最好右侧依托高地，要前低而后高，这是在平原地带部署军队的原则。以上几种部署军队的原则，就是黄帝之所以能战胜其他四帝的重要原因。

【解析】

本篇伊始，孙子就仔细阐述了在四种不同地理条件下的部署军队的原则。

第一，在山地部署军队的原则是：通过山地时，一定要靠近有水草的溪谷；驻扎军队时，要选择在居高向阳的地方；敌人占领高地时，不要向上仰攻敌人。

第二，在江河地带决战时部署军队的原则是：军队横渡江河以后，应在远离湍急水流的地方驻扎；如果敌人渡河来与我军交战，不要在江河中迎击敌人，而要在敌人一部分已经渡河、一部分还未到达河岸时发起攻击；如果要与敌人决战，要选择居高向阳的地方，切记不要紧靠水边迎敌，也不要面对着江河水流迎敌。

第三，在盐碱沼泽地带部署军队的原则是：通过盐碱沼泽地带时，不要停留，要快速离开；如果在盐碱沼泽地带与敌军相遇，那么一定要占据靠近水草且背靠树林的地方。

第四，在平原地带部署军队的原则是：与人交战时，要选择平坦、视野开阔的地方安扎军营，最好右侧依托高地，要前低而后高。

孙子认为，只要把握这四点部署军队的原则，就能在战争中取胜，因为这是黄帝当年战胜其他四帝成就华夏民族霸业的最重要的原因。

【原文】

凡军好高而恶下，贵阳①而贱阴，养生②而处实③，军无百疾，是谓必胜。丘陵堤防，必处其阳而右背之，此兵之利，地之助④也。上雨，水沫至，欲涉⑤者，待其定也。

【注释】

①贵阳：以向阳为贵。阳，在此处指向阳面。后文“阴”即指背阴面。

②养生：指据有水草之利。

③处实：指依托高地而处。

④地之助：得到地形的辅助。

⑤涉：徒步蹚水。

【译文】

一般来讲，将帅选择驻军地点时，都喜欢干燥的高地，而厌恶潮湿的洼地；都重视向阳之地，而刻意避开阴暗之地；将军队驻扎在接近水草、地势较高的地方，将士们就不容易生病，这样自然会有战胜敌人的把握。在丘陵堤坝等地方行军时，一定要占领向阳的一面，并且背靠高地驻扎，这些都是对作战有利的条件，是地形对作战的辅助。当临河决战时，遇到上游下雨、洪水突至的情况，千万不要着急，如果此时需要徒步涉水去参加战争，那么应等待水势平稳以后再过河。

【解析】

这一段，孙子阐述的是选择驻军地点的三大原则，只要依据这三大原则来选择驻军地点，就能充分发挥地理条件的辅助作用，加大取胜的把握。

孙子所说的第一个原则，是要选择干燥的高地，而不要选择潮湿的洼地。因为潮湿的洼地大多阴冷，如果让军队驻扎在此，会使得士兵的身体受到寒冷的损害，易发生风湿病和支气管炎等疾病，影响军队的士气和战斗力。

孙子所说的第二个原则，是要选择向阳之地，避开阴暗之地，也是像第一个原则一样，是出于健康方面的考虑。

孙子所说的第三个原则，是要将军队驻扎在接近水草、地势较高的地方，接近水草是保证军队的补养，地势较高则有助于将帅观察敌方行动。

【原文】

凡地有绝涧①、天井②、天牢③、天罗④、天陷⑤、天隙⑥，必亟去之，勿近也。吾远之，敌近之；吾迎之，敌背之。军行有险阻、潢井⑦葭苇、山林翳荟者，必谨复索之，此伏奸之所处也。

【注释】

①绝涧：险绝的山涧，指两山险峻，且有湍急水流流淌其间的地方。

②天井：四周高，中间低洼，形状像井的地方。

③天牢：三面绝壁，没有撤退、逃跑路线，易进难出的地方。

④天罗：林深草茂，形状像网，往来困难的地方。

⑤天陷：地势低洼，沼泽连绵，泥泞易陷的地方。

⑥天隙：地形狭窄，不易通过，有如缝隙的地方。

⑦潢井：指内涝积水，地势洼陷的地方。

【译文】

凡是遇到两山险峻且有湍急水流流淌其间的地方；四周高，中间低洼，形状像井的地方；三面绝壁，没有撤退、逃跑路线，易进难出的地方；林深草茂，形状像网，往来困难的地方；地势低洼，沼泽连绵，泥泞易陷的地方；地形狭窄，不易通过，有如缝隙的地方等，一定要迅速离开，不要接近。行军时，一定要远离这些地形，同时设法让自己的敌人靠近这类地形；自己面向这些地形，而让敌人背靠着它。当在山川险阻、芦苇丛生的低洼地或草木茂盛的山林地区行军时，一定要仔细、反复地搜索，切不可有丝毫大意，因为这些都是敌人可能埋设伏兵或隐伏奸细的地方。

【解析】

这一段，孙子主要在阐述行军作战时需要避免涉入的危险地形，同时也是应尽量使敌军深陷其中且有助于我方取胜的地形。

孙子将这些危险地形归纳为“六害”：绝涧、天井、天牢、天罗、天陷、天隙。这“六害”地形，只能是我方远离、逼得敌方陷入的地区，可以说只要战争中的哪一方陷入这“六害”之地，战争的主动权也就拱手于人了。

如果驻军之地具有山险水阻、坎坑沼泽、芦苇丛生、草木茂盛等特点，就为敌军潜藏提供了条件，需要注意全面而彻底地搜索。当然，如非必要，最好不要选择具有这些特点的驻军之地。

【原文】

敌近而静者，恃[①]其险也；远而挑战者，欲人之进也；其所居易者，利[②]也。众树动者，来也；众草多障者，疑也；鸟起者，伏也；兽骇者，覆也。尘高而锐[③]者，车来也；卑而广者，徒来也；散而条达者，樵采也；少而往来者，营军也。辞卑[④]而益备者，进也；辞强而进驱者，退也；轻车先出居其侧者，陈也；无约而请和者，谋也；奔走而陈兵车者，期[⑤]也；半进半退者，诱也。杖而立者，饥也；汲[⑥]而先饮者，渴也；见利而不进者，劳也。鸟集者，虚也；夜呼者，恐也；军扰者，将不重也；旌旗动者，乱也；吏怒者，倦也；粟马肉食[⑦]，军无悬缻，不返其舍者，穷寇也；谆谆翕翕，徐与人言者，失众也；数赏[⑧]者，窘也；数罚[⑨]者，困也；先暴而后畏其众者，不精之至也；来委谢[⑩]者，欲休息也。

【注释】

①恃：依仗。

②易：平地。利：指地利。

③锐：尖。

④辞卑：言辞谦卑。

⑤期：按期交合作战。

⑥汲：从井里打水。

⑦粟马肉食：用粮食喂马然后宰杀战马吃肉。

⑧数赏：不断地奖赏。

⑨数罚：不断地惩罚。

⑩来委谢：敌人派使者来委婉谢罪。

【译文】

敌人离我方很近却很安静，肯定是他们已经占据了险要的地形；敌人离我们很远却不断向我们发起挑战，肯定是企图引诱我们前进，让我们进入他们的圈套；敌人已经占据了平坦的地方，那么就已经有了地利；许多树木枝叶突然摇动，说明敌人隐蔽在树林里，且正在移动；草丛中设有许多障碍物，说明敌人已经在此布下疑阵；群鸟突然受惊起飞，说明鸟群的下方有埋伏；野兽突然四处奔袭，说明有大股敌人正在疾驰偷袭我们；远处尘土飞扬且灰尘很高、很细，说明敌人正在乘战车向我们驶来；如果敌人激起的尘土高度低但面积广，说明敌人正徒步向我方行进；如果尘土四处飞扬，但散乱无章，呈细长分布，说明敌人正在砍柴；如果敌人激起的尘土少，且时起时落，说明敌人正在安营扎寨。敌人派来的使者言辞谦卑，但同时他们又在加紧战备，说明他们已经准备进攻作战了，只不过是派使者来迷惑我们；敌人派来的使者言辞强硬，同时他们的军队又做出一副随时会前进的姿态，说明他们准备撤退，强硬不过是装出来迷惑我们的；敌人的轻车率先出动并且部署在两边，说明他们正在部署作战的阵势；敌人事先与我们没有任何约定，也无往来迹象，却突然前来讲和，那其中肯定另有阴谋；敌人急速奔走而来并排列阵势，说明他们准备按期与我们作战；敌人如果半进半退，肯定是企图引诱我军。敌军将士们拄着兵器站立，一定是粮草不足，正处于饥饿状态；敌军中负责供水的士兵打水之后自己先喝，说明敌军中供水不足，将士们正处在缺水状态中；敌人见到利益却不进兵争夺，说明他们已经很疲劳了；敌人的营寨上空聚集了许多鸟雀，说明此时的敌营是一座空营；敌人阵营中夜间有人突然惊叫，说明敌军将士普遍有恐慌情绪；敌营显得纷乱、没有条理，说明敌军的将领没有威严，敌军的法令条文贯彻并不彻底；敌人的旗帜混乱，没有秩序，说明敌军队伍极为混乱；敌军将士们特别容易发怒，说明他们普遍很疲倦；敌军用粮食喂马然后宰杀战马吃肉，之后收拾起一切炊具，不回营舍，说明他们已经陷入绝望；敌军士卒们絮絮叨叨，不停地低声议论，说明敌军将领不得人心；敌军将领不断地奖赏士兵，说明敌军将领已经陷入困惑，一筹莫展；敌军将领不断地处罚部下，说明敌军将领已经陷入窘境，无计可施了；敌军将领先对部下粗暴无礼，后来又害怕部下，说明这个将领不精明到了极点，没有半点治军能力；如果敌军派来使者向我方委婉谢罪，说明敌军已经非常疲惫，有休兵息战的想法了。

【解析】

这一段，孙子仔细阐述了判断敌情的方法，主要可归纳为五类。

第一类，是从敌我双方驻地的远近及敌方的举动来判断敌情。如果敌方驻地离我方近却很安静，往往说明敌方已经占据了险要的地形，正在静待一举歼灭我方的时机。

第二类，是从草木鸟兽的反应来判断敌情。如果鸟雀突然飞起，是有敌人埋伏其中；如果野兽突然奔逃，是有敌人前来袭击；如果飞鸟群集敌营，则表明敌军已经撤退。

第三类，是从空中扬起的尘土来判断敌情。如果空中的尘土高扬而且呈尖形，多表示有兵车前来；如果空中的尘土低扬而且面积广博，多表示有兵卒前来。

第四类，是从敌军派遣而来的使者的言辞来判断敌情。如果敌军的使者言辞谦卑，军队却是一副积极备战的模样，往往说明敌军在准备进攻我方；如果敌军的使者言辞强硬，敌军在行动上也摆出一副迫进的姿态，这往往是敌军要后退的征兆。

第五类，是从敌军的举止来判断敌情。如果敌军打水，而打水之人急着先喝，说明敌军缺水；如果敌军紊乱无序，说明将帅没有威严；如果敌军旗帜混乱，说明敌军队伍无秩序；如果敌军将士易怒，说明敌军十分疲倦；如果敌军杀马而食，说明敌军粮草匮乏。

只要掌握了这五类判断敌情的方法，何愁不能识破敌军的用心，达到“制敌而不为敌所制”的目的呢？

【原文】

兵怒而相迎，久而不合，又不相去，必谨察之。兵非益多也，惟无武进①，足以并力②、料敌、取人而已；夫惟无虑而易敌③者，必擒于人。

【注释】

①武进：轻举妄动，盲目冒进。

②并力：集中兵力。

③易敌：轻视敌人。

【译文】

敌人盛怒而来，但总是不肯与我军交锋，同时又不撤退，说明其中有蹊跷，遇到这种情况一定要谨慎地观察其意图。用兵打仗并非兵力越多越好，最重要的是不轻敌冒进，一定要集中兵力，判明敌情，这样才能取胜于敌人。那种无深谋远虑而又轻敌、喜欢冒进的人，一定会被敌人擒获。

【解析】

在这一段，孙子着重在阐明用兵作战不可轻敌冒进而要集中兵力、判明敌情的取胜原则。

孙子认为，“知己知彼”，方能“百战不殆”。战争是双方的博弈，不是单方面的游戏，因此只了解自己的军队部署情况自然是不够的，还要尽可能多地探测到敌方的军队部署情况，才能根据敌方的强弱之处来制定有效的战略方针，从而做到避开敌方的强处，以我方的强处去攻打敌方的弱处，“制敌而不为敌所制”。如果对敌情不甚了解，就轻视敌人，轻举妄动，无异于将自己的软胁示于人，将战争的主动权拱手让人，结果往往是战败，损失巨大。

【原文】

卒未亲附[①]而罚之则不服，不服则难用也。卒已亲附而罚不行，则不可用也。故令之以文，齐之以武[②]，是谓必取。令素行[③]以教其民，则民服；令素不行以教其民，则民不服。令素行者，与众相得[④]也。

【注释】

①亲附：亲近依附，真心拥戴。

②令之以文，齐之以武：用奖赏来团结士卒，用惩罚来教育士卒。

③素行：平素就一贯执行。

④与众相得：与士卒相处得非常融洽。

【译文】

如果士卒还没有真心依附于将领，将领就惩罚他们，那么士卒们肯定心有不服，士卒们心怀不服就难以使用。如果士卒已经真心依附于将领，而该有的惩罚却不能执行，也是不能进行作战的。所以，最好的方式是用奖赏来团结士卒，同时用军纪军法来统一步调，让士卒们听命，这样的军队必然会取得胜利。将领们平时严格执行军令，并用公开透明的奖赏来团结士卒，士卒就会甘心服从；如果将领们平时不严格执行军令，也不用奖赏来团结士卒，士卒们就会不服（，这样的军队多半要打败仗）。平时能够彻底执行军令的，就能与士卒相处得非常融洽（，其军心就会稳定，军队就会团结）。

【解析】

这一段，孙子重在阐述将帅要懂得赏罚并用、恩威并施的管理方法。

在孙子看来，要真正收服士卒的心，让他们真心依附于将帅，一味地惩罚肯定是不行的，那样只会让将帅在士卒心中留下一个“残暴”的坏印象，反而引得士卒们更加反感。而一味地用奖赏来收服士卒的心，也不是一个完善的办法，那样只会让士卒觉得将帅是个“好人”，有信任但无信服。那一个好的将帅应该是什么样的呢？孙子认为，一个真正好的将帅，必须要既懂得罚，也要懂得赏，恩施并用，用奖赏来拉拢士卒的心，用军纪军法来让士卒统一步调，让士卒不得不去战斗，也甘愿去战斗，这样才能塑造一支真正强大的军队，取胜的把握自然也就大多了。

地形篇第十

本篇主要论述在不同地形条件下如何指挥军队的行动。孙武认为，地形是用兵的辅助条件。将帅应重视地形，善于利用有利地形，避免不利地形。在此基础上，将帅如能做到知己知彼，正确判断敌情，以夺取胜利为行动的唯一准则，并能使全军上下团结一心、服从指挥，那就能无往而不胜。

【原文】

孙子曰：地形有通①者，有挂②者，有支③者，有隘④

者，有险[⑤]者，有远[⑥]者。我可以往，彼可以来，曰通；通形者，先居高阳，利粮道，以战则利。可以往，难以返，曰挂；挂形者，敌无备，出而胜之；敌若有备，出而不胜，难以返，不利。我出而不利，彼出而不利，曰支；支形者，敌虽利我，我无出也；引而去之，令敌半出而击之，利。隘形者，我先居之，必盈之以待敌；若敌先居之，盈而勿从，不盈而从之。险形者，我先居之，必居高阳以待敌；若敌先居之，引而去之，勿从也。远形者，势均难以挑战，战而不利。凡此六者，地之道[⑦]也，将之至任[⑧]，不可不察也。

【注释】

①通：通达。此处指四通八达、交通顺畅之地。

②挂：挂碍，牵阻。此处指易往难返之地。

③支：相持。意思是谁先出发都不利的地方。

④隘：出口狭窄的地方，易进难出。

⑤险：地势险要的地方。

⑥远：敌我相距较远的地方。

⑦地之道：利用地形的原则。

⑧至任：至关重要的责任。

【译文】

孙子说：地形有很多种，如“通形”“挂形”“支形”“隘形”“险形”“远形”等。那些地势开阔、交通便利，我们可以去、敌人也可以来的地方，就叫作“通形”。在“通形”地域作战，应该抢先占领开阔、向阳的高地，这样有利于粮道的畅通，此时与敌人交战于我们有利。那些有一定障碍，前进容易、返回困难的地域，就叫作“挂形”。在“挂形”地域作战，如果敌人没有防备，我们突然进行袭击就能取胜；如果敌人已经有所防备，这时我们出击难以取胜，由于地形所限又难以返回，那么我们就将陷入不利境地。那些我军出击不利，敌人出击也不利的地域叫作“支形”。在“支形”地域作战，就算敌人以利引诱我军，我们也不要出击。最好的办法是率军撤离，反过来诱使敌人出兵，当他们出击一半时再回师反击，这样形势才会对我军有利。那些出口狭窄的地方叫作“隘形”，在这样的地域作战，我们应该抢先占领要塞，且一定要用重兵完全控制住隘口，然后等待敌人到来；如果敌人抢先占据了隘口，并用重兵把守，那么我们就不要进击了；如果敌人没有用重兵扼守隘口，那么我们就要迅速攻取隘口，然后展开进攻。那些地势险要的地方叫作“险形”，在这样的地域作战，如果我军抢先占领了地势，就一定要占据住开阔、向阳的高地，之后部署军队等待敌人到来；如果敌人抢先占领地势，抢占了高地，那么我军就要率军主动撤离，不要与敌军交锋。两军相距较远时，称作“远形”，这时候，如果敌我双方势均力敌，那么不宜挑战，如果勉强求战，必然对我军不利。以上六点，是有效利用地形的原则，也是将帅们至关重要的责任，关系到军队的生死存亡，不可不认真考察、研究。

【解析】

本篇开篇伊始，孙子就阐述了在不同地形条件下的作战原则。

孙子将地形主要分为“通形”“挂形”“支形”“隘形”“险形”“远形”六种，作战时应根据地形的不同特点来制定不同的战略方针。

对于贵“速”的“通形”，就要抢占有利地位，制人而不制于人。对于贵“察”的挂地，就要攻敌于不备。对于贵“慎”的支地，就要注意不为敌人的诱惑所动。对于贵“先”的隘地，就要抢先占据险要位置。对于贵“断”的险地，就要速战速决，不能交战就立即撤退。对于贵“止”的远地，如果交战不能获得利益，倒不如不战。

孙子认为，只要在用兵作战时谨慎察看地形的利弊，就能因地制宜，从而战胜敌人。

【原文】

故兵有走①者，有弛②者，有陷③者，有崩④者，有乱⑤者，有北⑥者。凡此六者，非天之灾，将之过也。夫势均，以一击十，曰走。卒强吏弱，曰弛。吏强卒弱，曰陷。大吏怒而不服，遇敌怼而自战，将不知其能，曰崩。将弱不严，教道⑦不明，吏卒无常，陈兵纵横，曰乱。将不能料敌，以少合众，以弱击强，兵无选锋⑧，曰北。凡此六者，败之道也，将之至任，不可不察也。

【注释】

①走：败走。此处指战败的军队。

②弛：废弛。

③陷：陷败。

④崩：崩溃。

⑤乱：混乱。

⑥北：败北。

⑦教道：教育士卒的方法和原则。

⑧选锋：选出有出色战斗力的士卒组成先锋部队。

【译文】

一般来讲，打败仗的军队有“走”“弛”“陷”“崩”“乱”“北”六种情况。这六种情况的发生，并不是由天灾造成的，而是由将领的过失导致。在交战双方势均力敌的情况下，以一击十而导致的失败，叫作“走”。士卒骁勇善战但军官孱弱无谋而造成的失败，叫作“弛”。将领强而有谋但士兵孱弱而导致的失败叫作“陷”。副将心有怨恨而不听从主将的指挥，从而在遇到敌人的时候擅自出战，而主将又不了解他们的真正实力，因此没有加以恰当控制和指挥所造成的失败叫作“崩”。将领骄横无谋，缺乏真正的威严，且治军没有章法，导致兵士们无所适从，军队排兵布阵也很混乱而造成的失败，叫作“乱”。将领不能正确判断敌情，从而贸然以寡击众，以弱击强，而且又没有善战的先锋部队，结果造成失败的，叫作“北”。以上六种情况，都是导致战争失败的原因。在这些战败情况中，将领要负重大责任，因此，这是为将者不可不去认真考察、研究的。

【解析】

接下来，孙子阐述了作战时兵形上的六种失败之象：“走”“弛”“陷”“崩”“乱”“北”。

孙子认为，兵形上的六种失败之象往往不是交战之地的地理条件所致，而是在于将帅的无能。将帅没有能力统

帅军队，没有能力让士卒真正信服，没有通过恩威并施的手段塑造一支纪律严明、战斗力强的军队，必然会出现这六种兵形上的失败之象。

同时，这六种兵形上的失败之象，也给予了将帅很多启示：要想不陷入“走”势，将帅就不要制定以少击多的计策；要想不陷入“弛”势，将帅就要在士卒面前树立威信；要想不陷入“陷”势，将帅就不能骄傲自大；要想不陷入“崩”势，将帅就不能因愤怒行事；要想不陷入“乱”势，将帅就要严肃法纪；要想不陷入“北”势，将帅就要懂得选拔精锐力量，以己之长迎敌之短。

【原文】

夫地形者，兵之助①也。料敌制胜，计险厄远近，上将②之道也。知此而用战者必胜，不知此而用战者必败。故战道必胜，主曰无战，必战可也；战道不胜，主曰必战，无战可也。故进不求名，退不避罪，唯人是保③，而利合于主，国之宝也。

【注释】

①助：辅助。

②上将：大将，主将。

③唯人是保：只求保护人民。

【译文】

地形对用兵打仗是极有帮助的。一个高明的将领，必然是能够正确判断敌情、细致考察地形险易、精准计算道路远近的人。懂得这些道理而去指挥作战的，就一定能够取得胜利；不了解这些道理就去指挥作战的，必然会导致失败。所以，如果根据良将分析，有必胜把握的战争，即使国君主张不打，将帅们坚持打也是可以的；根据良将分析后，没有必胜把握的战争，即使国君主张打，将帅们不打也是可以的。所以，发动战争不是为了谋求战胜的名声，战败或者主张不战时，不回避失利的罪责，只是一心想要保全百姓，且其所求符合国君利益的将领，才是一个国家的真正财富。

【解析】

这一段，孙子主要阐述了一个高明的将帅应具备的高贵品质，那就是一心想要保全百姓和君主的利益。

一个能够正确判断敌情，细致考察地形险易，精准计算道路远近的将帅，是一个能征善战的将帅，因为他凭借这三大能力去指挥军队作战，就一定能在战争中取胜。但孙子认为，评判一个将帅是否是一个良将的核心因素，不是光看他是否能征善战，而是要看他是否心怀百姓和君主的利益。如果将帅对战争有必胜的把握，即必定能有益于百姓和君主的利益，那么即使君主阻止，将帅也应坚持出战；如果将帅对战争无必胜的把握，对百姓和君主的利益会有所损伤，那么即使君主同意，将帅也应拒绝出战。这其实就是在说将帅必须要有独立于君主的主观思考能力，充分强调了将帅在用兵作战上的主观能动性。

【原文】

视卒如婴儿，故可与之赴深谿①；视卒如爱子，故可与之俱死。厚而不能使，爱而不能令，乱而不能治，譬若骄子，不可用也。知吾卒之可以击，而不知敌之不可击，胜之半也；知敌之可击，而不知吾卒之不可以击，胜之半也；知敌之可击，知吾卒之可以击，而不知地形之不可以战，胜之半也。故知兵者，动而不迷，举而不穷②。故曰：知彼知己，胜乃不殆；知天知地，胜乃不穷。

【注释】

①深谿：深谷。赴深谿，形容共患难。

②举而不穷：指挥灵活多变，没有穷尽。

【译文】

将领对待士卒像对待婴儿一般，极力呵护，那么士卒就会同他共患难；将领对待士卒像对待自己的儿子一样，尽心尽责，那么士卒就会跟他同生共死。如果将领对待士卒异常宽厚却不能很好地使用他们，对士卒足够溺爱却不忍心指挥他们，士卒们违法将领却不忍心或不能惩治他们，那么，他的士卒就好像是被惯坏了的孩子，是不可以用来同敌人作战的。将领只了解自己的部队能够作战，却不了解敌人准备充分而不可战胜，那么取胜的可能性只有一半；将领只了解敌人可以战胜，但不了解自己的部队还不具备足够的作战能力，取胜的可能性也只有一半；知道敌人是可以战胜的，同时也知道自己的部队目前战斗力极强，却不了解交战地点的地形不利于作战，那么取胜的可能性仍然只有一半。所以，一个懂得用兵的人，行动起来必然思路清晰，不会迷惑，他的战术繁复多变，不守成规。所以说：了解自己，也了解敌人，再去谋取胜利，就不会有危险；知道天时，也知道地利，胜利就会接踵而来，无所穷尽。

【解析】

本段的前半部分，孙子着重在阐述“要治军，先爱兵”的思想。

如何做到“爱兵”呢？孙子认为，就是要做到“视卒如婴儿”“视卒如爱子”。婴儿是那么柔弱，因此婴儿总需要被百般呵护；人们对自己的孩子总是疼爱有加，十分包容，因此孙子就要求将帅要像呵护婴儿那样去呵护士卒，像爱护自己的孩子那样去爱护士卒，由此可见将帅得对士卒付出多少用心啊！

不过，孙子也提醒将帅：“视卒如婴儿”“视卒如爱子”并不是一味地溺爱士卒，有错要罚，该用要用，要知道士卒毕竟不是婴儿、不是将帅的孩子，将帅在呵护婴儿和自己的孩子时往往不存期望，但对士卒的呵护却是心存期望，期望士卒能够以骁勇善战作为回报。

在本段的后半部分，孙子则着重阐述了在战争中全面了解情况的重要性。在孙子看来，要想在战争中取胜，不仅要知己知彼，还要了解交战地的地形、天时，能够根据变化的形势随机而变，制造天时地利人和的态势，这样胜利自然就会到来了。

九地篇第十一

本篇论述了在九种不同的作战地区指挥作战的原则。孙武认为，在不同的作战地区，将帅应根据地形的不同采取不同的行动。用兵的原则在于善于发现敌人的可乘之隙，乘其不备，迅速行动，集中兵力，抢先攻占其战略要地，以压制敌军的抵抗。

【原文】

孙子曰：用兵之法，有散地①，有轻地②，有争地③，有交地④，有衢地⑤，有重地⑥，有圮地⑦，有围地，有死地。诸侯自战其地［者］，为散地。入人之地而不深者，为轻地。我得亦利，彼得亦利者，为争地。我可以往，彼可以来者，为交地。诸侯之地三属，先至而得天下众者，为衢地。入人之地深，背城邑多者，为重地。行山林、险阻、沮泽，凡难行之道者，为圮地。所由入者隘，所从归者迂，彼寡可以击吾之众者，为围地。疾战⑧则存，不疾战则亡者，为死地。是故散地则无战，轻地则无止⑨，争地则无攻，交地则无绝⑩，衢地则合交⑪，重地则掠，圮地则行，围地则谋，死地则战。

【注释】

①散地：在自己的领土上作战叫“散地”。

②轻地：进入敌境不深的地方叫“轻地”。

③争地：谁先占领谁就有利的必争之地叫“争地”。

④交地：道路四通八达之地叫“交地”。

⑤衢地：与多国接壤的地方叫“衢地”。

⑥重地：深入敌境较深而且背后有很多城邑的地方叫“重地”。

⑦圮地：有山林、险阻、沼泽等难行之地为“圮地”。

⑧疾战：拼死作战。

⑨无止：不能停留。

⑩无绝：不要断绝联络。

⑪合交：结交邻国，搞好外交关系。

【译文】

孙子说：根据用兵的原则，交战的地方可分为散地、轻地、争地、交地、衢地、重地、圮地、围地、死地等。在自己的领地内作战，作战地点就称为散地。进入敌境不远处作战，战斗的地点就称为轻地。选定战场后，如果我军先占领战场就于我军有利，敌军先占领战场就于敌军有利，这种战场就是争地。我军可以前往，敌军也可以轻易进入，这种战场就是交地。如果战场位于多国交界处，谁先到了那里，谁先取得其他诸侯国的支持就容易取胜的，就叫作衢地。如果需要深入敌境纵深，要穿过敌境许多城邑才能到达的战场，就称为重地。山林、险阻、沼泽等比较难行的地方，就称为圮地。进入时道路狭隘，撤回时道路迂远，敌人以少数兵力把守，便可以抗击我大部队的地方，就称为围地。我们迅速奋战便可生存，不迅速奋战就会被消灭的地方，则称为死地。所以，在散地，不宜与敌交战；在轻地，千万不要停留；在争地，如果敌人已经率先占据，我方便不可进攻；在衢地，则要注意结交附近诸侯，获得他们的支持；在重地，则要注重掠取资粮，以免断了供给；在圮地，则要迅速通过；在围地，则要巧设计谋；若是身处死地，则必须殊死奋战，才有生的机会。

【解析】

本篇虽然也是在总结地形对战争的重要性，但与《九变》《行军》《地形》几篇不一样的是，本篇实在作战之前，先就作战目标及决战地区的地理形势进行分析，并强调造成敌人分离、实施机动与奇袭，以及运用战场激发士气的方式，来赢取战争的胜利。

作为本篇开篇伊始的一段，孙子主要阐述了散地、轻地、争地、交地、衢地、重地、圮地、围地、死地等九种战略地形，并指出了不同战略地形的作战原则。

在孙子看来，对于散地、轻地，应秉持“合于利而动，不合于利而止”的作战原则。争地、交地、衢地都属于战略目标，则要注意作战策略，即争地要“无攻”，交地要“无绝”，衢地要“合交”。重地、圮地、围地、死地都是深入敌境后所遭遇的地理形势，各自遭遇的困难不同，作战的策略自然也各不相同：重地要“因粮于战”，圮地要“行”，围地要“谋”，死地要“战”。

【原文】

所谓古之善用兵者，能使敌人前后不相及[①]，众寡不相恃[②]，贵贱不相救，上下不相收，卒离而不集，兵合而不齐。合于利而动，不合于利而止。敢问：“敌众整而将来，待之若何？”曰：“先夺其所爱[③]，则听矣。”兵之情主速，乘人之不及，由不虞[④]之道，攻其所不戒也。

【注释】

①相及：互相照顾。

②相恃：互相依靠协同。

③爱：要害的，重要的，此处指敌人所喜爱的地方。

④不虞：料想不到的。

【译文】

古代那些善于用兵作战的人，常能使敌人前后不相连接，敌人大部队与小部队间无法相互扶持，官与兵之间无法相互救援，上下级间无法互相统属，敌军士卒离散而不能集合于一处，即使对方集合于一处也无法统一行动。那些善于用兵的人，一旦发现当前形势符合自己的利益就会立即展开行动，发现不符合自己的利益就会立刻终止行动。或许有人会问："敌军众多，而且整肃合一，并且将要向我进攻了，那么我该如何对付它呢？"我的回答是："先夺取敌人所珍爱所依恃的方面，这样，敌人就会陷入被动。"用兵的法则以神速为第一要义，要抓住时机，打敌人一个措手不及，要从敌人料想不到的方向，攻击敌人未加防备的地点。

【解析】

善于作战的将帅，都是懂得"制敌"之术的。在战争中的"制敌"之术具体有哪些呢？孙子认为需做到六点：使敌军的前后部队无法相互策应，使敌军的主力和分支无法相互依靠，使敌军的将帅和士卒之间不能相互救援，使敌军的上下级之间不能相互联络，使敌军的士兵分散不能集中，使敌军的合兵布阵也不整齐。

在孙子看来，"制敌"的核心其实无非两点：一是先使敌人失去最有利的条件；二是兵贵神速，出奇制胜。

【原文】

凡为客[1]之道，深入则专。主人不克，掠于饶野[2]，三军足食；谨养而勿劳，并气积力；运兵[3]计谋，为不可测。投之无所往，死且不北。死焉不得[4]，士人尽力。兵士甚陷则不惧，无所往则固，深入则拘，不得已则斗。是故其兵不修而戒[5]，不求而得，不约而亲[6]，不令而信[7]。禁祥去疑[8]，至死无所之。吾士无余财，非恶货也；无余命，非恶寿也。令发之日，士卒坐者涕沾襟，偃卧者涕交颐。投之无所往，诸、刿之勇也。

【注释】

①客：客军。意为离开本土进入别国作战的军队。

②饶野：富饶的乡村。

③运兵：部署兵力。

④死焉不得：拼死求胜，怎能不成功。焉，文言疑问词，怎么。

⑤不修而戒：不待整治、督促就能加强戒备。

⑥不约而亲：不用约束就能亲附。

⑦不令而信：不用命令就能信守服从。

⑧禁祥去疑：禁止迷信活动，消除疑虑。

【译文】

一般来讲，进入敌国境内作战的规律是：深入敌人腹地后，士卒们心志专一、同仇敌忾，这样敌人便不能取胜；之后掠夺敌国比较富饶的乡野，这样三军的粮食给养就充足了；接着认真养练部队，保证士兵们不会疲劳，同时鼓舞士气，积蓄力量；然后合理部署兵力，精心设计谋略，一定要做到让敌人无法探知我方虚实、意图；最后，把士卒置于无路可走的绝境，让士卒只有向前一条路，这样他们至死也不会败退；如果士卒们死都不怕，自然人人尽力作战，且能做到以一当十。士卒们真正深陷危亡之境就会无所畏惧；士卒们无路可走时军心反而更加稳固；深入敌境的纵深之地，士卒们自然会相互依附而不敢涣散；在不得已的情况下，士卒们必然会拼死战斗，以获得生存机会。所以，在这种情况下，军队不用太多整治，也会加强戒备；不用太多征求，下情自然顺利上达；不用太多约束，也能相互亲和、互助；不用太多申令，士卒们也能遵纪守法；这种情况下，迷信活动会自然停止，士卒们也都不再疑虑，他们至死也不会逃跑。士卒们不会留多余的财物，之所以这样不是因为他们厌恶财物，而是因为只有轻装上阵才能获得更多生存机会；士卒们也会不顾生命危险，之所以这样，不是因为他们不想活命，而是因为只有不顾危险才能增加活命的机会。同时，作战命令发布的时候，士卒们坐着的会泪湿衣襟，仰卧的会泪流满面，一旦把他们置于无路可走的境地时，每个士兵就都像专诸、曹刿一般勇敢了。

【解析】

这一段，孙子主要阐述了进入敌军作战的一般规律。

作战一般分为主线作战和客线作战。什么是主线作战呢？就是在我方的国境之内作战，也称为内线作战，是在中央位置，面对两个或两个以上的方向之敌来作战。什么是客线作战呢？就是在我方的国境之外作战，也称为外线作战，是从两个或两个以上的方向，向居于中央位置之敌发动攻击。

孙子在这里阐述的就是外线作战的基本原则，越深入敌国腹地，就越置于无路可走的绝境，唯有殊死奋战，才能战胜敌人。

【原文】

故善用兵者，譬如率然；率然者，常山[1]之蛇也。击其首则尾至，击其尾则首至，击其中则首尾俱至。敢问："兵可使如率然乎？"曰："可。"夫吴人与越人相恶也，当其同舟而济，遇风，其相救也如左右手。是故方马埋轮[2]，未足恃也；齐勇若一，政之道也；刚柔皆得，地之理也。故善用兵者，携手若使一人，不得已也。

【注释】

①常山：即"恒山"，汉朝时因为避汉文帝刘恒讳，改"恒"作"常"。

②方马埋轮：把马并列地缚在一起，把车轮埋起来。

【译文】

因此，善于用兵的人所指挥的部队就像"率然"一样。"率然"是常山的一种蛇。攻击它的头部，它的尾部就会自动弹过来救应；攻击它的尾部，它的头部同样会自动弹过来救应；当攻击它的腰部时，它的头尾便会一齐自动弹过来救应。有人或许会问："军队真的可以指挥得像率然一样吗？"我的回答是："可以。"吴国人与越国人是相互仇视、彼此视为敌人的，然而，当一个吴国人和一个越国人一同乘船时，突遇大风，那么他们不仅不会视对方为仇敌，反而会相互救助、互相帮扶，就如同一个人的左右手一般。因此，那种将马绑在一起，将车轮埋起来，以防止军士们逃跑的方式，根本起不到稳定军心的作用；想要三军严整、团结勇敢如同一人，就要靠治军有方；想要让勇敢的人和怯弱的人都得以发挥其战斗力，就要学会巧妙地利用地形。那些善于用兵的人，之所以能使部队携手前进如同一个人一样，不是靠苛责兵士，而是将部队置于不得已的情况之下，当军士们都身处不得已之地，自然团结如一人了。

【解析】

这一段，孙子主要讲的是如何治理军心、鼓舞士气的问题。

孙子认为，一个善于用兵作战的将帅，必然是一个善于治理军心、鼓舞士气的人。正是因为其治理军心、鼓舞士气，才会使得整个军队团结一致，互救互助，如同率然蛇一样能前后策应，首尾相助。

孙子在这里提到的率然蛇，是古代中国传说中的一种蛇，因为懂得首尾相救——人打它的头，它的尾巴就会来救应；人打它的尾巴，它的头就会来救应；人打它的中间部位，它的头和尾巴都会来救应，因此率然蛇体现了一种团结的精神，自古以来就备受推崇。

孙子认为，要使整个军队都团结一致得如同一个人，不仅要靠军队内部的激励机制，还要靠将帅的组织指挥得法，以及对地形的恰当利用。

【原文】

将军之事，静以幽[①]，正以治[②]。能愚士卒之耳目，使之无知。易其事[③]，革其谋[④]，使人无识；易其居，迂其途，使人不得虑。帅与之期[⑤]，如登高而去其梯。帅与之深入诸侯之地，而发其机，焚舟破釜，若驱群羊，驱而往，驱而来，莫知所之。聚三军之众，投之于险，此谓将军之事也。九地之变[⑥]，屈伸之利，人情之理，不可不察。

【注释】

①静以幽：冷静而深邃。

②正以治：端庄持重，有条不紊。

③易其事：变换任务。

④革其谋：改变计谋。

⑤帅与之期：将帅与士卒如期去作战。

⑥九地之变：在九种地区作战方法的变化。

【译文】

统率军队这种事，要沉着镇定且冷静深邃，要端庄持重，有条不紊。尤其要能蒙蔽士卒的耳目，使他们无知。统帅们要做到常改变自己的行事规则，常变更自己制定的谋略，最为重要的就是让手下人猜不透自己的意图；同时，也要常变更自己驻扎的地方，行军时要常迂回绕道，使他人无法捉摸到自己的真实意图。将帅和士卒如期去作战时，要像登高后抽去梯子一样，让士卒们没有任何退路可寻。将帅们带领士卒深入诸侯重地时，要尽力捕捉战机，适时发起攻势，焚舟毁桥，砸烂锅灶；要像驱赶群羊一样，一会儿赶过去，一会儿赶过来，让人不明白他们到底要到哪里去。将帅聚集三军之众，然后将他们置于危险的境地，断去他们的退路，这就是领兵作战的原则。将帅一定要灵活运用各种地形，要分析攻守进退的利害关系，同时也要明了士卒在不同环境中的心理变化规律，这些都是战争是否能够取胜的必要条件，作为将帅，不可不认真加以考察。

【解析】

这一段，孙子着重阐述了将帅在统率军队时要秉持“愚士卒之耳目，使之无知”的御下之术。

在孙子看来，一个优秀的将帅要想统率好军队，必须要做好两方面的工作：一方面，将帅要具有清净、幽深、平正的个人品质，能公正地对待士卒，赢得士卒的信服；另一方面，将帅要见士卒之所未见，思士卒之所未思，掌握士卒在不同情况下的心理状态，不要让士卒揣测到自己的心意，因为无知才会恐惧，恐惧才会拼死奋战。

【原文】

凡为客之道，深则专，浅则散。去国越境而师者，绝地也；四达者，衢地也；入深者，重地也；入浅者，轻地也；背固前隘者，围地也；无所往者，死地也。是故散地，吾将一其志；轻地，吾将使之属；争地，吾将趋其后[①]；交地，吾将谨其守；衢地，吾将固其结[②]；重地，吾将继其食；圮地，吾将进其塗[③]；围地，吾将塞其阙[④]；死地，吾将示之以不活。故兵之情：围则御，不得已则斗，过则从[⑤]。

【注释】

①趋其后：在争取有利地形时，不可从正面攻击敌人，应该快速抄其后路。

②固其结：巩固结盟。

③进其涂：意为占据通道。涂，通“途”，道路。

④塞其阙：堵塞缺口。阙，通“缺”，缺口。

⑤过则从：陷入困境太深就会言听计从。

【译文】

一般来讲，深入敌国作战的规律是：进入敌境越深，军心越统一；进入敌境越浅，军心越容易涣散。我们将离开本土穿越边境去敌国才能到达的战场，称为绝地；将四通八达、交通便利的战场，称为衢地；将进入敌境纵深的地方才能到达的战场，称为重地；将进入敌境不远处就可以作战的地方，称为轻地；将背靠险固前路狭窄的战场，称为围地；将无路可走的地方，称为死地。所以，在散地，可以很好地统一士卒们的心志；在轻地，要时刻注意使部队保持连续，不可前后分离；遇到争地，就要紧紧地从后方驱赶敌军部队，并迅速占领所经之地；而在交地，就要谨慎地加强防守，以免被袭击；在衢地，就要做好外交，巩固与加强同周边诸侯国的关系；在重地，要注意的是保证军需粮饷的持续供应，不可断了供给；在圮地，就要据通道；在围地，就要堵住可以逃生的缺口；在死地，就要向士卒们表示必死的决心，以激起他们的斗志。一般来讲，士兵们的心理变化规律是：被包围了就会合力抵御敌人，不得已时就会奋起反抗、殊死奋战，而当陷入深重危难境地后，就会坚定而乐于听从长官的指挥。

【解析】

在这一段，孙子继续阐述了本篇开篇一段所阐述的散地、轻地、争地、交地、衢地、重地、圮地、围地、死地九种不同战略地形的作战原则问题。和开篇一段相比，这一段显然要讲得更具体更细致一些。比如，对于散地，孙子就认为最重要的是统一将士的意志；在交地，最重要的就是谨慎防守。

孙子还认为，越是置身于深重危难境地，人为了争取生存机会，就越是会奋起反抗，这时的战斗力也是最强的。好的将帅一定要懂得人的这个本性，并在战争中善用人的这个本性，从而加大取胜的概率。

【原文】

是故不知诸侯之谋者，不能预交[①]；不知山林、险阻、沮泽之形者，不能行军；不用乡导者，不能得地利。四五者，不知一，非霸王之兵也。夫霸王之兵，伐大国，则其众不得聚；威加于敌，则其交不得合。是故不争天下之交，不养天下之权，信己之私[②]，威加于敌，则其城可拔，其国可隳[③]。施无法之赏[④]，悬无政之令[⑤]；犯三军之众，若使一人。犯之以事，勿告以言；犯之以利，勿告以害。投之亡地然后存，陷之死地然后生。夫众陷于害，然后能为胜败。故为兵之事，在于顺详敌之意，并敌一向[⑥]，千里杀将，此谓巧能成事者也。

【注释】

①预交：与诸侯结交。

②信己之私：伸张、施展自己的意志。

③隳：通“毁”，毁灭。

④施无法之赏：施行超出规定的奖赏。

⑤悬无政之令：颁发超出规定的命令。

⑥并敌一向：集中兵力朝一个方向进攻。

【译文】

因此，不清楚各诸侯国意图，不明白各个诸侯国利益所在的人，便不能与诸侯结交；不熟悉山林、险阻、沼泽等地形及其对战原则的人，便不能领军作战；一个不用向导的人，便得不到有利的地形，无法获得地形的帮助，类似这几个方面的事，只要有一个方面不清楚，就不能算是霸王的军队。所谓霸王的军队，就是攻伐大国时，他们迅猛得使敌国无法及时调动民众、集结军队与之对抗；他们兵威指向敌人，那么敌人的外交就无法成功。所以，不必争着与任何国家结交，也无须培植他国的权威，只要能伸张、施展自己的意志，然后把兵刃指向敌国，那么，敌国城池就可以为我所有，其国可以为我所毁。将帅经常施行破格的奖赏，时而颁发超出规定的政令，做到驱使三军部队就像使唤一个人一样，整齐划一。对部队授以任务时，不说明自己意图，保持一种神秘感；下命令时，告诉他们有利的条件，却不告诉他们危险的一面；战斗时，把士卒投入危亡境地，这样士卒才会拼死奋战以求获得生存。当士卒们陷于死地之后，必然会舍命奋战以求生。只有将兵士们陷入危险境地，他们才能主动地奋力杀敌以夺取胜利。所以领兵作战这种事，关键在于假装顺着敌人的意图，制造我方已经被敌方牵制的假象，然后我方集中精锐兵力指向敌人一处，出其不意去进攻，哪怕奔袭千里也在所不惜，必然可以斩杀敌将，这便是通常说的机智能成就大事了。

【解析】

在本段一开始，孙子就提出了要成为霸主一般的军队的三个必备条件：一是清楚各诸侯国意图，明白各个诸侯国利益所在，结交各国；二是熟悉山林、险阻、沼泽等地形及其对战原则，能行军作战；三是善用向导，得到有利的地形的帮助。

为什么要成为霸主一般的军队呢？因为霸主一般的军队有两大威力：攻伐敌国时，行动快速得敌军都来不及聚合；只要对他国稍加施威，他国就不敢相助敌国，其实本质就是能更快、更轻松地取胜。这应该是所有将帅都希望实现的治军理想。

本段的下半部分，则继续在阐述“愚士卒之耳目，使之无知”的御下之术，以及详察敌人意向，趁机全力攻击敌人虚弱之处的作战原则。

【原文】

是故政举之日①，夷关折符②，无通其使③，厉于廊庙之上，以诛其事④。敌人开阖⑤，必亟入之。先其所爱⑥，微与之期。践墨随敌，以决战事。是故始如处女，敌人开户；后如脱兔⑦，敌不及拒。

【注释】

①政举之日：决定战争的日子。

②夷关折符：封锁关口，废除符节。

③无通其使：禁止使节往来。

④以诛其事：决定战争大事。

⑤开阖：开门，此处指有机可乘。

⑥爱：所爱之处。此处指关键，要害。

⑦脱兔：放开的兔子。比喻行动迅速，就像逃离的兔子一样。

【译文】

所以决定实施战争以后，就应该马上封锁关口，同时废除通行凭证。同时，还要停止与敌国的使节往来，以保证信息不泄露。然后在庙堂上反复研讨磋商，制订具体的作战计划。当发现敌人出现可乘之机时，一定要马上进攻，进攻时首先要夺取敌人所最钟爱的部位，同时，不要与敌人约期决战。执行作战计划时，一定要随着敌情的变化而灵活处置，要有变化，但不是乱变，而是针对敌人的行动来变。所以，开始时要像处女一般沉静，去麻痹敌人，使敌人放松戒备，有机可乘；然后突然发动攻击，如同逃脱的兔子一般迅捷，使敌人来不及反应，丝毫无法抗拒。

【解析】

作为本篇的最后一段，孙子重在阐述“静若处子，动若脱兔”的作战态度。

孙子曾说：“知己知彼，百战不殆。”既然决定了出兵作战，那么必定是“知己”的，也有一定的“知彼”。要想在战争中取胜，那我方首先要做的就是切断敌方的“知彼”，就是孙子所说的封锁关口、毁坏信符、禁止通行、停止使者往来等一系列举动。

孙子又是一贯推崇“兵贵速胜”的，因此要求我们一发现敌人的可乘之机，就要马上进攻。为了达到快速取胜的目的，进攻时一定先夺取敌人所最钟爱的部位，这样才能最大限度打击敌人。

孙子认为，“兵贵速胜”其实就两大原则：前期潜伏时要“静若处子”，以迷惑敌人；后期进攻时要“动若脱兔”，使敌人来不及反应抵抗。

火攻篇第十二

本篇主要阐述火攻的目标、种类，放火的物质和气象条件，以及实施方法。孙武认为，火攻只是辅助军事进攻的一种手段。所以，火攻者应利用纵火所引起的敌军的骚乱，适时发起攻击，发展并扩大战果。

【原文】

孙子曰：凡火攻有五：一曰火人①，二曰火积②，三曰火辎③，四曰火库④，五曰火队⑤。行火必有因，烟火必素具⑥。发火有时，起火有日。时者，天之燥也；日者，月在箕⑦、壁⑧、翼⑨、轸⑩也。凡此四宿者，风起之日也。

【注释】

①火人：焚烧敌军的人马。此处“火”为动词，为焚烧之意。以下同。

②火积：焚烧敌军的粮、草。

③火辎：焚烧敌军的辎重。

④火库：焚烧敌军的武器库。

⑤火队：焚烧敌军的隧道。

⑥素具：平素就有准备。

⑦箕：二十八宿之一，为苍龙七宿的末一宿。

⑧壁：二十八宿之一，为玄武七宿的末一宿。

⑨翼：二十八宿之一，为朱鸟七宿的第六宿。

⑩轸：二十八宿之一，为朱鸟七宿的末一宿。

【译文】

孙子说：一般来讲，火攻有五种，一是焚烧敌方的人马，二是焚烧敌人的粮草，三是焚烧敌人的辎重，四是焚烧敌人的武器库，五是焚烧敌人的交通要道等设施。实施火攻是需要具备一定条件的，首先是点火器材必须平日里就准备好（，且要经常检查，以免失效）。当决定发动火攻时，一定要依靠天时，具体点火时要有恰当日子。所谓天时，就是指气候干燥的时期，否则火攻效果就会下降；所谓恰当的日子，就是指月亮运行到箕、壁、翼、轸四星所在位置的时候。一般来讲，大凡月亮运行到这四个星宿的位置时，都是有风的日子（，可以助力火势，起到更好的效果）。

【解析】

这一段，孙子主要阐述了在战争中实施火攻的方法。

火攻，顾名思义，就是用火攻击敌军的战术。火攻是古代战争中一种特殊而有效的进攻手段，是人们利用自然资源和敌我的自然环境来打击敌人的一种有效进攻方式。赤壁之战中，三国时期的孙权、刘备联合对战曹操的二十万大军之时，就是利用曹军不善水战而将战船连接在一起的漏洞，巧借东风上演了一场火烧曹军战船并蔓延到曹军设在陆地上的营寨，导致曹军落荒而逃的取胜之战。

孙子在此对战争中实施火攻的重点对象、事情的准备以及天时气候的合理选择给予了具体的指导意见。火攻的实质，其实就是对资源的有效利用，只要人们能注意观察环境、检识自我，有效利用手中、身边的资源，并配合天时地利人和，就能把资源的效力发挥到最大。

【原文】

凡火攻，必因五火之变而应之。火发于内，则早应之于外。火发兵静者，待而勿攻，极其火力①，可从而从②之，不可从而止。火可发于外，无待于内，以时发之。火发上风，无攻下风。昼风久，夜风止。凡军必知有五火之变，以数守之③。

【注释】

①极其火力：让火尽量燃烧。

②从：跟从。此处指进攻。

③以数守之：意为等待火攻的条件。

【译文】

但凡火攻，一定要根据火攻所引起的五种情况变化采取相应的措施。若要在敌方内部放火，则应尽早派兵在外策应。当火已烧起，而敌兵仍然表现极为镇静时，就要等待、观察，不可急于进攻；待到火势最旺时，可以进攻就进攻，不可以进攻就停止。当然，火也可从外面放，此时，就不必等待内应了，只要按准确的时机放火就行。用火攻的时候一定要注意，要从上风放火，也要从上风进攻，千万不要从下风进攻（，那样效果并不好，因为火或烟会对我方造成影响）。白天风刮得久了，夜晚就会停止。但凡领导作战者，一定要熟悉这五种火攻所引起的情况变化，并根据火攻遵循的自然规律紧紧把握住火攻的时机。

【解析】

在这一段，孙子阐述的是火攻所引起的五种情况变化以及需要采取的相应措施。

孙子认为，光是发动火攻自然是不够的，还必须要根据火攻对敌方所造成的情况变化来适时地运用我方军力加以策应。火攻最重要的作用不是直接焚毁敌军，而是利用火攻导致敌军内部大乱，以至于无法有序地应对我方的进攻。因此，光从敌人内部放火，导致敌人内部大乱是不够的，还要在敌人外部部署兵力，趁机发动袭击。注意，只有当敌军被火攻弄得军心大乱时，我方才能发动袭击，否则取胜的机会也不是很大。

由于风对火攻的效果有着极大的影响，因此在实施火攻时一定要注意风向，否则就可能火攻敌方不成反而导致自己被火攻，那无疑是增大了敌方的胜算。

【原文】

故以火佐攻者明，以水佐攻者强①。水可以绝②，不可以夺③。

【注释】

①强：指增强其威力。

②绝：分割，断绝。

③夺：去。此处为赶走的意思。

【译文】

用火来辅助进攻的人是高明的，以水来辅助进攻的人是强大的。水可以有效阻隔敌人，却不如火攻那样可以直接赶走敌人。

【解析】

火作为一种自然资源，在战争中被有效利用，就能发挥极大的威力。水也是一种自然资源，也能因为被有效利用而在战争中发挥极大的威力。不过，孙子认为，无论是火攻还是水攻，都只能作为一种辅助进攻的方法，而不是主要的进攻方法，因为毕竟人是无法完全掌控火和水这两种自然资源的，只能在特定的条件下利用它们的力量，一旦条件有变，它们对我们有利的地方就有可能成为对我们有害的地方，因此需慎重施用。

在孙子看来，水攻的优势不如火攻的优势明显，因为水攻的优势只在于有效阻隔敌人，无法像火攻那样直接杀伤敌人，因此他对于水攻的阐述远不如火攻那般详细，不过是泛泛而谈。

【原文】

夫战胜攻取，而不修其功者凶，命曰费留[①]。故曰：明主虑[②]之，良将修[③]之，非利不动，非得不用[④]，非危不战。主不可以怒而兴师，将不可以愠[⑤]而致战。合于利而动，不合于利而止。怒可以复喜，愠可以复悦，亡国不可以复存，死者不可以复生。故明君慎之，良将警之。此安国全军[⑥]之道也。

【注释】

①命曰费留：这就叫作“白费”。

②虑：考虑。

③修：此处为研究的意思。

④非得不用：不能取胜就不用兵。

⑤愠：愤怒，恼怒。

⑥全军：保全军队。

【译文】

打了胜仗，攻取了城池，却无法凭借这些建立功业，无法依靠这些来巩固政权，那便是危险的，这叫作白费财力、物力。所以，一个英明的君主应该很好地考虑这个问题，一个贤良的将帅应该认真地研究这个问题。要记住，不是于国有利的就不要采取军事行动，没有必胜的把握就不要出兵，不是处于危险境地就不要与敌交战。君主不可以因为一时的愤怒而发动一场战争，将领也不能因为一时的恼火而命令将士们出营作战。符合国家利益就行动，不符合国家利益就停止行动。要知道，愤怒可以转化为高兴，恼火可以转化为喜悦，但国家一旦灭亡，就无法重建了，人一旦死掉，也就没法活过来了。所以，明智的君主应慎重地对待这个问题，优秀的将帅应该警惕这个问题，这是安定国家保全军队的根本原则啊！

【解析】

前文说过，战争的目的是为了谋取利益，但并不是每一场战争的胜利都能为自己谋取到利益，尤其是谋取到自己想要的利益。在孙子看来，对于一个将帅来说，一场胜利的战争应为自己谋取到建功立业的利益；对于一个君主来说，一场胜利的战争应为自己谋取到巩固政权的利益。如果不能让将帅建功立业，不能让君主巩固政权，那么战争的胜利又有什么意义呢？

所以，孙子在此警示君主和将帅：必须要根据国家的利益而战，而不能因为一时的义气而战。因为人的情绪是随时在变化的，这一刻的愤怒可能在下一刻就变成了欣喜，而战争是一个需要耗费大量物力、人力、财力的长期过程，即便是战胜一方，也必须付出惨重的代价。

用间篇第十三

本篇主要论述使用间谍的重要性及其方法。孙武认为，是否了解敌情对战争的胜负具有重要影响。要先知敌情，只能求诸间谍。只有大圣大智大仁大义之人才能使用各种间谍，获得广泛的情报。

【原文】

孙子曰：凡兴师十万，出征千里，百姓之费，公家之奉[1]，日费千金；内外骚动，怠于道路，不得操事者，七十万家。相守[2]数年，以争一日之胜，而爱爵禄百金[3]，不知敌之情者，不仁[4]之至也，非人之将也，非主之佐也，非胜之主也。故明君贤将，所以动而胜人，成功出于众者，先知[5]也。先知者，不可取于鬼神[6]，不可象于事[7]，不可验于度[8]，必取于人，知敌之情者也。

【注释】

①奉：通“俸”，指国家开支。

②相守：相持。

③爱爵禄百金：吝惜爵禄钱财。

④不仁：没有仁爱之心。

⑤先知：先知先觉。

⑥取于鬼神：用祈祷、祭祀等迷信方法去求助于鬼神。

⑦象于事：筮占之事。

⑧验于度：用日月星辰运行的度数来验证吉凶祸福。

【译文】

孙子说：一般来讲，国家决定出兵十万，出征千里，那么就要消耗巨资。其中百姓的耗费加上国家公共的开支，每天千金；如此，必然导致国家内外动荡，人们疲惫地奔波于道路之中，七十万家的民众不能安心从事耕作，荒废了生计。所以说，相持数年仅为争夺一朝的胜利，却因为吝啬爵禄和金银，不愿意花大价钱使用间谍去刺探敌情，导致自己不知道敌方的情报，从而使战争拖延更久，这难道不是天底下最没有仁爱之心的吗？这种人，根本不配做军中的统帅，也不配当君主的辅臣，更是无法取得战争的胜利。所以，一个英明的君主，一个贤能的将帅，所以能动辄战胜敌人，取得一般人所无法获得的成就，就在于他们事先了解了敌情。而想要做到事先了解敌情，就不能求神问鬼，不能用日月星辰运行的度数来验证吉凶祸福，最好的方法就是从别人的口中打探，而我们打探的对象自然是了解敌人情报的人。

【解析】

本篇伊始，孙子就阐明了间谍对于战争的重要性。

孙子一直在说："知己知彼，百战不殆。"知己比较容易，知彼就比较困难了，这需要我们了解敌方的土地、人口、物产、君主偏好、战略意图等各方面的消息，土地、人口、物产这些客观的东西还比较容易获知，而君主偏好、战略意图这样主观的东西就比较难以获知了，因此就需要使用间谍去刺探消息了。

间谍，就是刺探消息的人，是指从事秘密侦探工作，从敌对方或竞争对手那里刺探机密情报或是进行破坏活动，以此来使其所效力的一方有利的人。在古代，间谍也被称为"奸细"，"细"的本义是微、小，地位卑微的人就称为"细人"，平头百姓叫"细民"；"作"是事情、事业，间谍工作不属于正面战场的大规模作战，而是偷偷摸摸，像做着地位卑微的事情，故称"细作"，这也形象地说明了间谍的隐秘性。

在孙子看来，一个不愿意花大价钱使用间谍去刺探敌情、从而导致战争拖延更久的将帅，绝对不是一个合格的将帅，因为他没有做到“知彼”，也就大大降低了在战争中取胜的概率。

【原文】

故用间有五：有因间①，有内间，有反间，有死间，有生间②。五间俱起③，莫知其道④，是谓神纪⑤，人君之宝也。乡间者，因其乡人⑥而用之。内间者，因其官人而用之。反间者，因其敌间⑦而用之。死间者，为诳事于外⑧，令吾间知之，而传于敌间也。生间者，反⑨报也。

【注释】

①因间：即下文的“乡间”。意为利用敌国的乡野之民当间谍。

②生间：到敌方刺探情况后还能生还的间谍。

③起：起用。

④莫知其道：使敌人摸不清我军的行动规律。

⑤神纪：神秘莫测之道。

⑥乡人：敌国乡间的百姓。

⑦敌间：敌方派来的间谍。

⑧诳事于外：故意向外散布虚假消息，以欺骗、迷惑敌人。

⑨反：通“返”，为返回之意。

【译文】

一般来讲，使用的间谍有以下五种：因间、内间、反间、死间、生间。如果五种间谍一齐使用，那么便可以让敌人对我们束手无策，怎么也猜不出我们的行动战略，这便是国君的法宝了。所谓乡间，就是利用敌国的乡下百姓为间谍，向他们打探敌国的消息，之后加以分析，总结出敌情；所谓内间，就是利用敌国朝内官员做间谍，从他们口中得知对方的情况，之后加以准备；所谓反间，就是利用敌方派来的间谍，策反他们，让他们反过来为我们效力（，既可以获得对方的消息，又可以借助他们传递我们刻意制造的虚假信息）；所谓死间，就是故意在外散布虚假消息，同时让我方间谍获取这消息并有意传给敌方的间谍；所谓生间，就是深入敌营刺探情报，并能亲自回来报告敌情的间谍。

【解析】

在这一段，孙子着重阐述了间谍的五种类型：因间、内间、反间、死间和生间。

从这五类间谍的效用来看，因间、内间、反间、死间、生间的效用，可谓是逐级递增。因间是效用最低的间谍，因为他能刺探到的敌情大多机密度不高，操作难度不大，但因走的是百姓下层路线，有助于了解敌国民心，所以也是必不可缺的。内间的难度稍有加大，走的是敌国的上层路线，只要抛出的利益足够诱人，操作起来也不算太难。反间、死间、生间的难度就比较大了，要靠计谋取胜，要有极高的随机应变的能力，既要能刺探对我方有利的信息，还要迷惑敌方，并能在险境中保全自身，实在是困难至极。

孙子认为，使用间谍的最高境界，就是同时使用这五种类型的间谍，这样才能真正做到“知彼”，同时迷惑敌方，让敌方无法做到“知彼”，我方自然就能达到“制敌而不为敌所制”的目的了。

【原文】

故三军之事，莫亲于间[①]，赏莫厚于间，事莫密于间，非圣智[②]不能用间，非仁义不能使间，非微妙[③]不能得间之实。微哉！微哉！无所不用间也。间事未发[④]而先闻者，间与所告者皆死。

【注释】

①莫亲于间：没有比间谍更值得信任的了。

②圣智：才智过人。

③微妙：精细奥妙。

④间事未发：指起用间谍的事还未实施。

【译文】

所以，三军之中，没有比间谍更值得信任的了；同时，没有任何赏赐比统帅给予间谍的赏赐更加丰厚；也没有什么任务比间谍执行更加机密。如果不是英明睿智的人，是不能任用间谍的；没有仁义的德行的人，是不足以驱使间谍的；没有精微神妙的分析判断能力的人，是不能得到最为真实、有用的情报的。微妙啊微妙！简直是没有什么地方不能应用间谍的。因此，起用间谍的事情若还没开始实施便走漏了消息，那么间谍和那走漏消息的人，都要被处死。

【解析】

在这一段，孙子再次阐明了间谍的重要性，并着重阐明了任用间谍的几大基本原则。

毋庸置疑，间谍对于战争的取胜有着十分重要的作用，因此间谍获得的赏赐也往往是最为丰厚的。但做间谍也是十分危险的，稍有不慎就可能为自己招来杀身之祸，甚至是灭族之灾。因此不是每个人都愿意做间谍，也不是每个人都有能力去做间谍的。

对于间谍来说，刺探到对己方有利的消息，是自己工作的核心，但如何在险境之中保全自身，也是每个间谍必须要考虑的问题，毕竟，没有多少人愿意赴死，即使要赴死，也要死得其所，死得有价值。

如何让间谍甘冒险境，为了刺探消息甘愿赴死呢？这就要求起用间谍的将帅具有两大品质和一种能力。两大品质，是指英明睿智、德行仁义；一种能力，则是指精微神妙的分析判断能力。

【原文】

凡军之所欲击，城之所欲攻，人之所欲杀，必先知其守将①、左右②、谒者③、门者④、舍人⑤之姓名，令吾间必索⑥知之。必索敌人之间来间我者，因而利之，导而舍之⑦，故反间可得而用也。因是而知之，故乡间、内间可得而使也。因是而知之，故死间为诳事，可使告敌。因是而知之，故生间可使如期⑧。五间之事，主必知之，知之必在于反间，故反间不可不厚⑨也。

【注释】

①守将：守城之将。

②左右：守将身边的近侍之臣。

③谒者：掌管传达等事的近侍。

④门者：把守城门的官吏。

⑤舍人：把守寝舍的官吏。

⑥索：求。此处有“刺探”的意思。

⑦导而舍之：引导他并且把他放回去。

⑧如期：按期返回。

⑨厚：待遇优厚。

【译文】

但凡要攻击某个敌军，要夺取某个城邑，要斩杀敌方的某个重要人员，就一定要事先了解敌方的情况，要知道对方军队的主管将帅，将帅左右的亲信，传达报告的官员，守门的官吏，把守寝室的官吏等人的姓名，这些条件，一定要命令我方间谍查探清楚。一定要查出敌方派来的间谍，查获后，要以重金收买，策反他，诱导他为我所用，这样，反间就可以得到使用了。从反间那里了解到情况后，就能从敌方找到恰当人选做我们的间谍，这样乡间、内间就可得到使用了。从反间那里了解了情况后，就可以派死间去散布假情报了，并让他告诉敌人，我方已受到敌人的迷惑。由于从反间那里了解了情况，因此我方可以避开危险，这样生间也就可如期返回通报了。如此，五种间谍就都起用了。五种间谍的情况，君主是必须掌握的，而掌握这些情况的关键在于反间，所以对反间不可不给予优厚的待遇。

【解析】

在这一段，孙子主要阐述了在战争中使用五种不同类型的间谍的具体方法。

两军交战之前，了解敌情是必须的。要了解敌军中主管将帅，将帅左右亲信，传达报告的官员，守门的官吏，甚至是对方门客幕僚等人的姓名，需要用到因间和内间。查出敌方派来的间谍，并以重金收买，策反他，诱导他为我所用，这就是反间。从反间那里探知敌情后，就应出动死间去散布假情报，以迷惑敌方了。因为反间提供的有用信息，使得我方在战争中得以避开危险，这样生间就可以如期回报。由此可见，在战争中使用间谍也是有着一定的先后顺序的，也是需要一个过程的，在这个过程中，反间可以说是至为关键，是扭转整个战争形势的灵魂人物，因此反间所获得的酬劳也是特别优厚的，当然反间所处的境地也是最为危险的。

【原文】

昔殷之兴也，伊挚①在夏；周之兴也，吕牙②在殷。故惟明君贤将，能以上智③为间者，必成大功。此兵之要，三军之所恃而动也。

【注释】

①伊挚：即伊尹，本为夏桀之臣，商汤灭夏时用他为相，从而消灭了夏朝。

②吕牙：即姜子牙，俗称姜太公，曾为殷纣王之臣。周武王姬发伐纣时，用吕牙为师，打败了商纣王。

③上智：高超的智慧。

【译文】

从前，殷代兴起之际，伊挚在夏当间谍；周代兴起之时，姜子牙在殷搜集情报。所以，明君贤将，若能用极有智谋的人做间谍，就必定能成就大功。这是用兵的关键，整个军队都要依靠间谍提供的情报来决定军事行动。

【解析】

在本篇的最后一段，孙子再次阐述了间谍对于战争取胜的重要性。

孙子在这里列举了间谍的始祖类人物：伊挚和姜子牙，他们都是其所处时代位高权重、声名显赫、对后世影响深远的人物，这也很好地说明了本段的主题。

间谍，在中国确实算得上历史悠久。中国历史上有文字记载的第一个间谍，是夏朝的女艾，出自《左传》中的“使女艾谍浇”。夏朝的第三位君主太康在位时，有穷国君羿（又被称为后羿，“后”字是夏朝最为尊贵的称号），趁着太康外出田猎时作乱，攫取了夏朝政权，立太康的弟弟仲康为王，自己在背后独揽大权。仲康在位七年后去世，后羿又扶持仲康的儿子相即位。后来，后羿的亲信寒浞杀死了后羿，并让自己的儿子寒浇杀死了相。相的王后缗有孕出逃，生下儿子少康。少康以复国为念，派了女艾到寒浇那里做间谍，最终灭掉了寒浇家族，复兴了夏朝。

少康起用了女艾这样一个足智多谋的间谍，就复兴了一个王朝，可见间谍的作用有多大。因此，在战争中使用一个足智多谋的间谍，自然也能赢得战争的胜利。

附录　孙膑兵法

无论是在真实的历史中，还是在虚幻的民间传说中，孙膑都是一个以智术取胜的人。大家当然不会忘记孙膑那次以下驷对上驷、上驷对中驷、中驷对下驷的赛马，也可能还记得孙膑与庞涓在鬼谷子门下斗法的种种故事传奇。这些传奇承载着孙膑的智慧，不过，孙膑的真正智慧结晶并不是那些故事当中的计谋，而是他所著的《孙膑兵法》。这部兵法虽然只剩下些断编残简，但仍不掩其在用兵艺术上的智慧之光。

《孙膑兵法》又称《齐孙子》，《汉书·艺文志》著录有《齐孙子》八十九篇，可惜后来失传了，以至于长期以来很多人都猜测孙武即孙膑，或者认为《孙子兵法》乃由孙武其始、孙膑其尾合作完成，总之是否定两个孙子和两部兵书的同时存在。1972年，山东临沂银雀山汉墓的竹简出土，解决了这一历史疑案，这次考古发掘不仅发现了《孙膑兵法》和残简三百六十四枚，整理出约一万一千余字，而且是《孙膑兵法》与《孙子兵法》同时出土，多年的争论怀疑，一下子就有了定论。

《孙膑兵法》由于是残简，因此许多篇目已经不能窥其全貌，但仍然能看出其不寻常之处，比之《孙子兵法》，它更讲究用兵的具体操作，细处着墨，匠心颇见。

经过整理的《孙膑兵法》，可以肯定为孙膑亲书者有十六篇，不能确定为孙膑之书的、有可能出于孙膑门生之手的约有十五篇。本书所选取的即是确为孙膑亲书的部分，这些是孙膑真正军事智慧的体现。

这些内容，虽然只是断编残简，但读来依然让人叹服。其中所蕴含的军事智慧，即使到了今天，仍有很大的借鉴意义。

当然，今人读《孙膑兵法》更应该读的是它所蕴含的明察细微的洞见，及其不同寻常的思考角度。这些都是可以赋予一个人智慧的，即使不去打仗，只要有了这种思维，也就具有了更强的解决实际问题的能力。这就是孙膑的过人之处，他总结了很多人们所不易察觉但极为重要，而且永不过时的要点。这些要点，植根于人们的本性当中，读了之后，不仅可以强大自己，还能更加了解别人。

所谓战争之道，其实就是人类的比拼之道，而孙膑早已经将这些研究透彻了。

因此，虽然这本书已经成书千年，但依然可以让人们常读常新，这就是经典的魅力。

擒庞涓[①]

【原文】

昔者，梁君将攻邯郸[②]，使将军庞涓带甲八万至于茬丘[③]。齐君[④]闻之，使将军忌子带甲八万至……竞[⑤]。庞子攻卫□□□[6]，将军忌［子］……卫□□，救与……救卫是失令[7]。

田忌曰："若不救卫，将何为？"

孙子曰："请南攻平陵[8]。平陵，其城小而县大[9]，人众甲兵盛，东阳战邑[10]，难攻也。吾将示之疑。吾攻平陵，南有宋，北有卫，当涂有市丘[11]，是吾粮涂绝也。吾将示之不智事。"于是徙舍而走平陵。

□□陵，忌子召孙子而问曰："事将何为？"孙子曰："都大夫[12]孰为不识事？"曰："齐城、高唐[13]。"孙子曰："请取所□□□□ □□□□□□二大夫□以□□□臧□□都横卷四达环涂□横卷所□阵也[14]。环涂铍甲之所处也[15]。吾末甲劲[16]，本甲不断[17]。环涂击柀其后[18]，二大夫可杀也。"于是段齐城、高唐为两[19]，直将蚁傅平陵[20]。挟茁环涂夹击其后[21]，齐城、高唐当术而大败[22]。

将军忌子召孙子问曰："吾攻平陵不得，而亡齐城、高唐，当术而厥[23]。事将何为？"

孙子曰："请遣轻车西驰梁郊，以怒其气。分卒而从之，示之寡。"于是为之。

庞子果弃其辎重，兼趣舍而至[24]。孙子弗息而击之桂陵[25]，而擒庞涓。

故曰，孙子之所以为者尽矣。

四百六[26]。

【注释】

①擒庞涓：此篇题原书于本篇第一简的简背（下

同）。擒，原文作“禽”，通“擒”。据张震泽《孙膑兵法校理》的考证，擒字有二义，一是俘获，二是制服，本篇所指的是第二义。庞涓，本篇亦称庞子，是战国中期魏国的将军。

②梁君将攻邯郸：梁君，即魏惠王（前369—前319年在位）。魏国曾于安邑（今山西夏县西北）迁都大梁（今河南开封），故魏又称梁。邯郸（今河北邯郸），战国时赵国国都。

③茬丘：地名，其地未详，处于卫、赵、齐相邻的边境，约在今山东茌平一带。

④齐君：齐威王（前356—前320年在位）。

⑤忌子带甲八万至……竞：忌子，田忌，齐国将军，亦即本书《陈忌问垒》中的陈忌，陈、田二字古音同。……：指竹简原文残损较多，无法确定其残损字数（下同）。竞：借为“境”。此处简文残缺，可能指的是齐、卫、赵三国相邻的边境。

⑥□□□：指竹简原文残损三个字，每个□表示残损一个字（下同）。

⑦失令：违反军令。

⑧平陵：地名，其地未详。古书中以平陵为地名者颇多，这里是指魏国东部边境的一个军事重镇，约在今山东西南角或与之毗邻的河南东缘。

⑨县：指平陵管辖的范围。

⑩东阳战邑：东部军事重镇。东阳，地区名，指魏

国东部地区，该地区有大小城邑四十余座。战邑，军事重镇，指平陵。

⑪市丘：地名或国名，今址不详，待考。

⑫都大夫：治理都的长官。古称大城邑为都。战国时各国多实行郡县制，但齐国仍沿用都的名称。这里的都大夫，是指那些率领自己都邑的部队跟随田忌参加此次战争的长官。

⑬齐城、高唐：齐国的两个都邑，此处指这两个都邑的都大夫。齐城，疑即齐都临淄，在今山东临淄。高唐，在今山东高唐与禹城之间。

⑭横卷：魏国的两个城邑。横，疑即黄邑，在今河南开封东。卷，即卷邑，在今河南原阳旧原武西北。四达，即四通八达。环涂：指环城大道。

⑮甲：指敌军。

⑯末甲：后续部队。

⑰本甲不断：主力部队不分散。

⑱枝：分散之意。

⑲段齐城、高唐为两：把齐城、高唐二大夫的部队分为两路。段，借为“断”，分开。

⑳蚁傅：指军队攻城时攀登而上。

㉑挟：本为水波连续貌，此处指魏军从环城大道连续不断地攻击齐城、高唐二部。

㉒术：道路。

㉓厥：借为“蹶”，摔倒，失败。

㉔兼趣舍：急行军，昼夜不停。

㉕桂陵：地名，在今河南长垣西北。一说在今山东菏泽东北。从作战过程看，在长垣西北较为合理。

㉖四百六：篇末所标的本篇字数（下同）。

【译文】

从前，魏惠王将要攻取赵国的都城邯郸，派将军庞涓率兵八万进至茬丘。齐威王听说后，命将军田忌率兵八万开赴［齐、卫、赵］边境。庞涓首先攻打卫国的［一些城邑］，田忌［向孙膑问道：“我们是否要救援卫国？”孙膑回答说：“现在救援卫国不是上策。”］

田忌又问道：“如果不救援卫国，那应该怎么办呢?”

孙膑说：“请挥师南下，攻打魏国的平陵。平陵的城池虽然较小，但所辖的县境很大，人口众多，兵力甚强，是魏国东阳地区的军事重镇，很难攻取。我军南攻平陵，是为了用疑兵之计迷惑敌人。我军攻打平陵，南面有宋国，北面有卫国，途中还有个市丘国，这样，我军运粮之路就被断绝了，从而给敌人造成一种错觉，以为我们不懂得用兵打仗的规律。”于是，齐军拔营而走，直趋平陵。

［快要到］平陵的时候，田忌召见孙膑问计：“应该怎样攻打平陵呢？”孙膑说：“在我军的都大夫中，有谁不懂得作战的规律呢？”田忌说：“最不会用兵的就是齐城、高唐的两个都大夫。”孙膑说：“那就请赶快派齐城、高唐二大夫，［命其各率所部分别去攻打平陵。他们要经过魏国的横、卷二邑附近，横、卷城外］都有四通八达的环城大道，恰是敌军［布］阵和集结兵力的好地方。我军的后续机动部队要保持精锐，主力部队不要分散。这样，齐城、高唐二部，［前有平陵坚城之阻，］后有来

自横、卷二邑魏军沿环城大道的袭击，就必然会兵败受挫。”于是，田忌依计而行，命齐城、高唐二大夫兵分两路去直接攻打平陵。横、卷二邑的魏军果然沿环城大道连续不断地攻击齐城、高唐二部，结果齐城、高唐二部在进军途中被打得大败。

这时，将军田忌又召见孙膑问道：“我军进攻平陵没有得手，反而损失了齐城、高唐二部，他们在途中被打得大败，下一步应该怎么行动呢？”

孙膑回答说：“请派遣轻快的战车迅速西进，直捣魏都大梁的城郊，以此激怒庞涓，［迫其自邯郸回救大梁。］同时要分派少量步兵跟随轻快的战车西进，以向敌人显示我军兵力单薄，［促其轻敌麻痹］。”于是，田忌按照孙膑的谋划，立即采取了新的行动。

庞涓果然［被激怒，且未把齐军放在眼里］，他丢下辎重车辆［和步兵，亲率轻锐车骑］，日夜兼程地赶去救大梁。孙膑紧紧抓住战机，把齐军主力埋伏在桂陵，给庞涓以迎头痛击，大获全胜。

因此，人们都赞扬说孙膑用兵的谋略真是到了尽善尽美的境界。

总计四百六十字。

［见威王］[①]

【原文】

孙子见威王，曰：“夫兵者，非士[②]恒埶也。此先王之傅[③]道也。战胜，则所以在[④]亡国而继绝世也。战不胜，则所以削地而危社稷[5]也。是故兵者不可不察。然夫乐兵者亡，而利胜者辱。兵非所乐也，而胜非所利也。

“事备[6]而后动。故城小而守固者，有委[7]也；卒寡而兵强者，有义也。夫守而无委，战而无义，天下无能以固且强者。尧[8]有天下之时，诎[9]王命而弗行者七，夷[10]有二，中国四[11]，故尧伐负海之国而后北方民得不苛[12]，伐共工而后兵寝而不起[13]，施而不用。其间数年，尧身衰而治屈[14]，胥天下而传舜[15]。舜击讙收[16]，方之宗，击归[17]，方之羽；击三苗[18]，方之危；亡有户是中国[19]。有苗民存[20]，蜀为弘[21]。舜身衰而治屈，胥天下而传禹[22]。禹凿孟门而通大夏[23]，斩八林而焚九□[24]。西面而并三苗，□□……素佚而致利也[25]。战胜而强立，故天下服矣。

“昔者，神戎战斧遂[26]；黄帝战蜀禄[27]；尧伐共工；舜伐劂管[28]；汤放桀[29]；武王伐纣[30]；帝奄反[31]，故周公浅之[32]。故曰，德不若五帝[33]，而能不及三王[34]，智不若周公，曰我将欲责仁义[35]，式礼乐[36]，垂衣裳[37]，以禁争捝。此尧舜非弗欲也，不可得，故举兵绳之[38]。”

【注释】

①［见威王］：本篇原简文无篇题，现篇题是银雀山汉墓竹简整理小组所补加，所以用［　］以示区别（下同）。

②士：疑读为“恃”。意谓军事上不能倚赖固定不变的形势。

③傅：当读为“敷”，布、施之意。一说是“传”字的误写，因竹简原文用篆书写成，傅与传字形相近，抄写致误。

④在：存。

⑤社稷：国家的代称。社，土神。稷，谷神。

⑥事备：指做好战争准备。据下文，主要指政治准备的“义”和经济准备的“委”。

⑦委：委积，即物资储备。

⑧尧：传说中我国父系氏族社会后期部落联盟的领袖，陶唐氏，名放勋，史称唐尧。

⑨诎：借为“黜”，废除。

⑩夷：指古代我国东方地区的部族。

⑪中国：指我国古代中原地区。

⑫负海之国：指远方之国，即远在沿海的各部落、方国。苛：骚扰。

⑬共工：传说中唐尧的臣子，与驩兜、三苗、鲧并称为“四凶”，被尧流放于幽州。

⑭屈：穷尽。

⑮胥：皆，都，尽。舜：传说中我国父系氏族社会后期部落联盟的领袖，姚姓，有虞氏，名重华，史称虞舜。

⑯讙收：即驩兜，传说中的恶人，唐尧时与共工一起为非作恶，被舜放逐到崇山。

⑰归：借为“鲧（gǔn）”，古史传说中的“四凶”之一，治水无功，被舜殛之于羽山。

⑱三苗：传说中我国古代南方的部落，被舜打败，放逐到三危。后禹又继而伐之。

⑲有户是：有户是即有扈氏，上古部落名。《尚书》《史记》《逸周书》等皆载有扈氏被夏启所灭，唯敦煌

所出《六韬》抄本中谓有扈氏被有虞氏所灭。户，借为“扈”。

⑳有苗：即三苗，见注⑱。

㉑弘：疑当读为“强”。此处意为唯有苗氏还比较强大。

㉒禹：本上古夏后氏部落的领袖，是鲧的儿子，因治水有功，后得继舜而任部落联盟的领袖。

㉓孟门：山名，在今陕西宜川东北、山西吉县西，绵亘于黄河两岸。相传大禹治水时，曾在此开山导河，疏通河道，从而治除了洪水横溢之患。大夏：即夏墟，在今山西汾河与浍河之间，因禹凿孟门而除水患，大夏始得通行。

㉔斩八林而焚九□：即《孟子》所谓“烈山泽而焚之”，用焚烧野林、荒草的办法驱赶野兽，垦殖农田。八、九，凡指多处，非确指八片野林和九块草地。□，汉简整理小组注曰：“‘九’下一字不清，似是‘薮’字。”由此判断是指山泽草地。

㉕并三苗：放逐三苗。并，读为“屏”，屏除、放逐。素佚而致利也：此句上文残缺，可能指不能无所作为而获得胜利。素佚，一向安闲。致利，获得胜利。

㉖神戎：即神农氏，相传为上古三皇之一，是农业和医药的发明者。斧遂：即补遂，传说中的上古部落名。

㉗黄帝：传说中中原各族的共同祖先。姬姓，号轩辕氏、有熊氏。相传他战胜炎帝和蚩（chī）尤，得到各部落拥戴，成为部落联盟领袖。蜀禄：即涿鹿，地名，相传是黄帝击杀蚩尤的地方。

㉘管：疑为上古部落名。音、义不详，待考。

㉙汤放桀：商汤放逐夏桀。汤，商朝开国的国君。桀，夏朝最后一个国君。相传商朝灭夏之后，汤把桀放逐到南巢（今安徽巢县）。

㉚武王伐纣：周朝灭亡商朝的战争。武王，即周武王姬发，周朝的建立者。纣，即殷纣王，商朝的最后一个国君，被周军打败后自焚而死。

㉛帝奄反：即商奄叛乱。帝，疑“商”字之“误”。商奄，也单称奄，其地在今山东曲阜奄里，是商末周初的一个部落方国。反，指周灭商后，殷纣王之子武庚曾联合东方的奄、徐等国发动反周叛乱。

㉜周公浅之：即周公东征平叛。周公，周武王之弟姬旦，周初的大政治家。武王死后，其子成王年幼，由周公辅政，率兵平定了武庚、奄、徐等叛乱。浅，借为“践”或“残”，毁、灭之意。

㉝五帝：指上古的五位帝王。五帝分别指谁历来说法不一，据《史记·五帝本纪》，指黄帝、颛顼（zhuān xū）、帝喾（kù）、尧、舜五帝。但本文此处似乎将神农氏也列为五帝之一。

㉞三王：指夏、商、周三代开国的君主，即夏禹、商汤、周文王和周武王。

㉟责：借为“积”。

㊱式：用。

㊲垂衣裳：譬喻雍容礼让，不搞争斗。

㊳绳：纠正。

【译文】

孙膑晋见齐威王，向威王陈述说："军事上不能依赖某种固定不变的形势，这是先代帝王传下来的道理。打了胜仗，就能保存处于危亡中的国家，延续将被毁灭的世系。打了败仗，就会丧失领土而危害国家的生存。因此，对战争问题不能不认真研究。轻率好战的人会导致亡国，一味贪求胜利的人会受挫、被辱。战争不是好玩的，胜利也不一定就能得到利益。

"开始战争之前要首先做好充分准备，而后才能采取行动。城池虽小而防守却很坚固，是因为有充足的物资储备；兵力虽少而战斗力却很强，是因为所进行的战争是正义的。防守而无物资储备，进行战争而非正义，那么天下谁也无法使其防守坚固，战斗力强大。唐尧开始治理天下的时候，拒不执行其命令的有七个部落，其中东方地区两个，中原地区四个。因此，唐尧讨伐了东方沿海地区的部落方国之后，北方地区的人民才免受骚扰而得以安居乐业；讨伐了共工的暴乱之后，战争才暂得止息，干戈才解除而不用。又经过数年的操劳，唐尧年迈身衰再无治理天下的精力，便把治理天下的权力传给虞舜。虞舜即位后继续用兵平叛，打败驩兜，将其放逐到崇山；打败鲧，将其放逐到羽山；打败三苗，将其放逐到三危；还在中原击灭了有扈氏。但有苗氏人民仍然存在，是唯一还比较强大的力量。虞舜年迈身衰而无治理天下的精力，便把治理天下的权力传让给夏禹。夏禹首先开山治水而通大夏，焚烧林泽而垦农田，继而西向用兵，驱逐三苗……

[历史经验表明，] 谁也不能无所作为而获得胜利。只有用武力战胜敌人，才能使自己强大并巩固起来，进而实现天下的统一。

“从前，神农战胜补遂；黄帝战胜蚩尤于涿鹿；唐尧讨伐共工；虞舜讨伐管；商汤放逐夏桀；周武王讨伐殷纣王；商奄叛乱，周公率兵去镇压。所以说，那些功德不如五帝、才能不如三王、智略不如周公的人，还讲什么我将要以积累仁义、推崇礼乐、雍容礼让的办法来禁止当今的战争。这种办法尧舜并非不想用，而是这种办法很难得到，所以才使用战争手段去解决问题。”

[威王问]

【原文】

齐威王问用兵孙子，曰：“两军相当，两将相望，皆坚而固，莫敢先举[①]，为之奈何？”孙子答曰：“以轻卒尝[②]之，贱而勇者将[③]之，期于北[④]，毋期于得[⑤]。为之微陈以触其侧[⑥]。是谓大得。”威王曰：“用众用寡，有道乎？”孙子曰：“有。”威王曰：“我强敌弱，我众适寡，用之奈何？”孙子再拜曰：“明王之问。夫众且强，犹问用之，则安国之道也。命之曰赞师[⑦]。毁卒乱行[⑧]，以顺其志，则必战矣。”威王曰：“适众我寡，适强我弱，用之奈何？”孙子曰：“命曰让威。必臧其尾，令之能归[⑨]。长兵在前[⑩]，短兵在□，为之流弩[⑪]，以助其急者。□□毋动，以待适能[⑫]。”威王曰：“我出适出，未知众少，用之奈何？”孙子［曰］：“命曰险成。险成，适将为正，出为三阵，一□［□□□］能相助，可以止而止，可以行而行，毋求……”威王曰：“毄穷寇奈何？”孙子［曰］：“……可以侍生计矣[13]。”威王曰：“毄钧奈何[14]？”孙子曰：“营而离之[15]，我并卒而毄之[16]，毋令适知之。然而不离，案而止。毋毄疑[17]。”威王曰：“以一毄十，有道乎？”孙子曰：“有。攻其无备，出其不意[18]。”威王曰：“地平卒齐，合而北者[19]，何也？”孙子曰：“其阵无锋也。”威王曰：“令民素听[20]，奈何？”孙子曰：“素信。”威王曰：“善哉！言兵埶不穷。”

田忌问孙子曰：“患兵者何也？困敌者何也？壁延不得者何也[21]？失天者何也？失地者何也？失人者何也？请问此六者有道乎？”孙子曰：“有。患兵者地也，困敌者险也。故曰，三里籊洳将患军[22]……涉将留大甲[23]。故曰，患兵者地也，困敌者险也，壁延不得者寁寒也[24]，……奈何？”[25]孙子曰：“鼓而坐之[26]，十而揄之[27]。”田忌曰：“行陈已定，动而令士必听，奈何？”孙子曰：“严而视之利。”田忌曰：“赏罚者，兵之急者邪[28]？”孙子曰：“非。夫赏者，所以喜众，令士忘死也。罚者，所以正乱，令民畏上也。可以益胜，非其急者也。”田忌曰：“权、埶、谋、诈，兵之急者邪？”孙子曰：“非也。夫权者，所以聚众也。埶者，所以令士必斗也。谋者，所以令埶无备也。诈者，所以困适也。可以益胜，非其急者也。”田忌忿然作色：“此六者，皆善者所用，而子大夫曰非其急者也[29]。然则其急者何也？”孙子曰：“缭适计险，必察远近，……将之道也。必攻不守[30]，兵之急者也。□……骨也。”田忌问孙子曰：“张军毋战有道？”孙子曰：“有。倅险增垒[31]，诤戒毋动[32]，毋可□前，毋可怒。”田忌曰：“适众且武，必战，有道乎？”孙子曰：“有。埤垒广志[33]，严正辑众[34]，辟而骄之，引而劳之，攻其无备，出其不意，必以为久[35]。”田忌问孙子曰：“锥行者何也？鴈行者何也[36]？篡卒力士者何也[37]？劲弩趋发者何也？剽风之陈者何也？众卒者何也[38]？”孙子曰：“锥行者，所以冲坚毁兑也。鴈行者，所以触侧应□［也］。篡卒力士者，所以绝陈取将也[39]。劲弩趋发者，所以甘战持久也[40]。”剽风之陈者，所以回□□□［也］。众卒者，所以分功有胜也[41]。”孙子曰：“明主、知道之将，不以众卒几功[42]。”孙子出而弟子问曰：“威王、田忌，臣主之问何如？”孙子曰：“威王问九，田忌问七[43]，几知兵矣[44]，而未达于道也。吾闻素信者昌，立义……用兵无备者伤，穷兵者亡。齐三業其忧矣[45]。”

* * * * *[46]

……善则敌为之备矣。孙子曰……

……孙子曰：八阵已陈……

……□孙子曰：毋侍三日……

……也。孙子曰：战……

……□威王曰……

……道也。田忌……

【注释】

①先举：先采取行动。

②尝：试探。

③将：率领。

④期于北：必须失败。期，在这里是“必”的意思。北，败北。

⑤得：指获得胜利。

⑥微陈以触其侧：以隐蔽的布阵攻击敌人的侧翼。微，隐匿。触，触犯，此处指攻击。侧，侧方，这里指敌军的侧翼。

⑦命：名。赞师：孙膑所使用的军事术语，即指下文“毁卒乱行”以诱敌出战的战术。

⑧毁卒乱行：破坏部伍，混乱队列。卒，这里指古代军队组织的一种单位——百人为卒。行，指队列。

⑨必臧其尾，令之能归：意谓隐蔽好后面的部队，以便能随时撤退或转移。臧，通“藏”，隐蔽之意。尾，这里指后面的部队，即主力和后续机动部队。归，指撤退。此句是解释“让威”的，“让威”也是孙膑使用的一个军事术语，意谓先让一步，后发制人。

⑩长兵：长柄兵器，如戈、矛之类。与下文的“短兵”相对，短兵即短柄兵器，如刀、剑之类。

⑪流弩：即游弩，指机动的弩兵。弩，用机栝发箭的弓，即弩机，创始于战国初期，威力甚大，射程达六百步之外。

⑫能：一说即能力，在此处意谓等待敌人把本事都使

出来，以便伺机制敌；一说通“罢”，“罢”同“疲”，在此处意谓等待敌人疲惫，以便后发制人。

⑬侍生计：此处简文残损，其意可能是：对走投无路的穷寇不要紧逼硬打，待其寻求生路的时候再设法消灭之；亦即《孙子兵法·军争篇第七》“穷寇勿迫”之意。

⑭毄钧：攻击势均力敌的敌人。

⑮营而离之：迷惑敌人，使之分散兵力。营，迷惑。离，分离。

⑯并卒：集中兵力。

⑰疑：指敌人的疑兵。

⑱攻其无备，出其不意：这是军事家的座右铭，出自《孙子兵法·计篇第一》。

⑲合：交战，如《孙子兵法·势篇第五》：“凡战者，以正合，以奇胜。”

⑳素听：一贯听从命令，即平时养成听从命令的良好习惯。素，平时，一贯。

㉑壁延：一说是辟易之音变，退避之意。一说是壁垒沟堑。壁，即城墙、壁垒。延，古称隧道为延道，这里指沟堑或护城壕等。二说相比，后者较为合理。

㉒瀦洳：瀦，借为“沮”；瀦洳即沮洳（jù rú），沼泽泥泞地区。

㉓大甲：一说是全副武装、铠甲坚厚的兵卒；一说是大部队；一说是兵车上的众多甲士。以最后一说较为合理。

㉔渠寒：一说借为渠完，即渠，亦称渠答，是张在城

上防矢石的设备。一说渠寒即蒺藜，用木或金属制成的带刺障碍物，布在地面以阻碍敌军前进，因与蒺藜果实形似，故名蒺藜。一说渠寒应作渠塞，指沟渠隘塞。最后一说似可信。

㉕此处下引号与前一上引号无关，这是简文残损造成的。根据文义判断，……前应是孙膑的话，……后则是田忌的话。

㉖鼓而坐之：此句因上文残缺，不知田忌所问内容，故很难理解。一说“坐”借为“挫”，即击鼓进兵，挫败敌军。一说坐为坐阵，《尉缭子·兵令上》说“有立阵，有坐阵，……立阵所以行也，坐阵所以止也”。此处是用奇的一种方法，击鼓本是进军，但反而令士兵停止行动，借以迷惑敌人。《尉缭子·勒卒令》中也有类似说法：“鼓之则进，重鼓则击；金之则止，重金则退。铃，传令也。旗，麾之左则左，麾之右则右。奇兵则反是。”以上二说皆通。

㉗十而揄之：用多种办法引诱敌人。揄（yú），牵引，挥动。此句也因上文残缺，田忌所问不明，难以准确理解。

㉘急者：最紧要的事情。

㉙子大夫：对孙膑的敬称。

㉚必攻不守：坚决打击敌人空虚而要害之处。必，一定，定然。不守，没有防守或防守薄弱之处。此句与《孙子兵法·虚实篇第六》“攻而必取者，攻其所不守也”意同。

㉛险：据守险隘。

㉜诤（zhèng）戒毋动：按兵不动，加强戒备。诤，按《说文》，“止也”，即静止不动之意。

㉝埤垒广志：增强壁垒，广思谋略。埤，增多、加厚的意思。广志，此句指将领之志，即广泛地思考谋略，以破强敌。

㉞严正辑众：严明军令，整饬部队，团结士卒。正，借为“整”，整饬之意。辑，和睦、团结之意。

㉟久：持久。

㊱锥行、鴈行：皆阵名。锥行阵，指前尖如锥的阵形。鴈行阵，鴈，通雁，指横列展开的阵形。

㊲篡卒：选卒，即经过选拔出来的善战的士卒。篡，借为“选”。

㊳众卒：一般士卒。

㊴绝陈：冲破敌阵。陈，通“阵”。

㊵甘战：激战。

㊶分功有（yòu）胜：配合行动，增加胜利。分功，分担任务，配合行动。有，增加的意思。

㊷几：这里作指望讲。

㊸威王问九，田忌问七：指前面齐威王提出的“两军相当……”“我强敌弱……”“敌众我寡……”“我出敌出……”“击穷寇”“击均”“以一击十”“地平卒齐……”“令民素听”九个问题和田忌所问的“患兵者何也……”“……奈何”“行阵已定……”“兵之急者”“张军毋战”“敌众且武必战”“锥行者何也……”

七个问题。

㊹几：这里是差不多、接近的意思。

㊺齐三枼其忧矣：枼，借为“世”。此名说，田齐政权在威王、宣王时国势最强，“诸侯东面朝齐”，有称霸中原的地位，至齐湣王逐渐衰落，六国联合伐齐，齐被燕将乐毅所破，几乎灭亡，自此一蹶不振。自威王至湣王，恰为三世。由此可知，本篇非孙膑与威王、田忌问答当时的记录，而是孙膑弟子在齐湣王时所整理、辑录；否则，孙膑绝不会在数十年前就预见到“齐三世其忧矣”。忧矣，是感叹齐国衰落，担心的意思，并不表明辑录本篇时已经发生乐毅伐齐的事件。

㊻*****：表示后面的残简内容无法确定在本篇中的位置，也无法完全确定是否属于本篇（下同）。

【译文】

齐威王问孙膑用兵之道，说：“敌我两军相当，双方的将领互相对峙，彼此阵势都很坚固，谁也不敢先采取行动，这时应该怎么办呢？”孙膑答道：“可以先用少量的轻兵去试探敌阵，派地位低下而又勇敢的人率领，命令其必须失败，不能得胜。把主力部队隐蔽地列成阵势，猛烈地袭击敌军的侧翼。这样，就可以取得重大胜利。”威王说：“使用较多的兵力或使用较少的兵力，在作战指挥上分别有什么不同的规律吗？”孙膑答道：“有。”威王问：“那么我强敌弱，我众敌寡，应该怎样指挥呢？”孙膑向威王拜了两次，然后回答说：“只有圣明的君主才会这样提出问题。既然军队众多而又强大，还要问怎样指挥，这是确保国家安全的根本之道啊！在这种情况下，指挥作战的方法叫作‘赞师’。即故意使我军的阵势混乱，队形不整，以迎合敌人的心意，敌人以为我方战斗力较弱，必然会出兵和我方决战。”威王问：“敌众我寡，敌强我弱，应该怎样指挥呢？”孙膑答道：“在这种情况下，指挥作战的方法叫作‘让威’。即必须隐蔽好后面的主力部队和机动部队，使他们能够随时撤退或转移。而前沿部队中，要把使用长柄武器的战士放在前头，将使用短柄武器的战士放在［侧后］，并配置一部分机动的弩兵，以便应付紧急情况。［后面的］主力部队不能轻易行动，一定要等敌军疲惫了再发起反击。”威王问：“那么我军已经出战，敌军也已经出战，不知道兵力谁多谁少，应该怎样指挥呢？”孙膑答道：“在这种情况下，指挥作战的方法叫作‘险成’。险成，就是当敌人以正兵出击时，我军列为三阵而出，一［部在前，二部在后，彼此］能互相策应，需要停止时则停止，需要转移时则转移，切不要［贪胜］。”威王问：“攻击走投无路的穷寇应该怎么办呢？”孙膑答道：“……不要过于逼迫，等敌人寻求生路的时候再设法消灭它。”威王问：“攻击势均力敌的敌军怎么办呢？”孙膑答道：“要首先设法迷惑敌人，使其分散兵力，然后我军集中兵力分别消灭它。这样做必须十分诡秘，一定不能让敌人察觉到我军的意图。如果敌人不分散兵力，我军就按兵不动，千万不要去攻击敌人故意放出来的疑兵或诱兵。”威王问：“以一击十有什么规律吗？”孙膑答道：“有。这就要‘攻其无备，出其不意’。”威王问：“地形平敞，队伍严整，打起来却失败了，是什么原因呢？”孙膑答道：“这是因为布阵时没有精选出冲锋陷阵的突击分队。”威王问：“要使士卒能够一贯听从命令，应该怎么办呢？”孙膑答道：“这就要求将领能够做到一贯严守信用。”威王高兴地说：“真好啊！你讲的用兵之道，确实奥妙无穷。”

田忌又向孙膑问道：“妨碍军队行动的是什么？怎样才能陷敌于困境？壁垒沟堑不能攻克的原因是什么？不得天时的原因是什么？不得地利的原因是什么？不得人心的原因是什么？请问处理这六个问题有什么规律吗？”孙膑说：“有。妨碍军队行动的是地形于我不利，陷敌于困境要靠险阻要隘。所以说，周围有三里沼泽泥泞地带，就将给军队的行动带来巨大妨碍……要通过沼泽泥泞地段或涉渡江河，就必须将众多的战车和带甲兵士留下。因此说，妨碍军队行动的是地形不利，陷敌于困境的是险阻要隘，壁垒沟堑不能攻克的原因是沟渠隘塞，……”田忌问：“……怎么办呢？”孙膑说：“可以在击鼓时反而坐阵待敌，同时用各种办法引诱、调动敌人。”田忌问：“作战的部署已经确定，怎样才能在行动时使士卒都能听从命令？”孙膑说：“既要严明军纪，又要讲清利害关系。”田忌问：“赏罚严明，是不是用兵最紧要的事情呢？”孙膑说：“不是。奖赏，是为了鼓舞士气，使士卒舍生忘死地战斗。惩罚，是为了整饬军纪，使士卒服从上级的指挥。这些都有助于取得作战胜利，但不是用兵作战的关键。”田忌问：“权力、形势、计谋、诡诈，是不是用兵最要紧的事情呢？”孙膑说：“也不是。掌握权力，是为了调集和指挥军队。示形造势，是为了使士卒勇敢作战。运用计谋，是为了使敌人放松戒备。施展诡诈，是为了迷惑敌人。这些都有助于取得作战胜利，但也不是行军作战中的关键。”田忌气愤地变了脸色说：“奖赏、惩罚、权力、形势、计谋、诡诈，这六个方面都是善于用兵的人所必不可少的，而您却说不是用兵的关键。那么，什么才是用兵的关键呢？”孙膑说：“分析敌人的情况，研究地形的险易，必须察明道路的远近，……这是将帅的重大责任。坚决打击敌人空虚而要害之处，这就是用兵最紧要的问题。……骨也。”田忌向孙膑问道：“假如我把军队开赴前线而又不与敌交战，那应该怎么办，有具体的办法可行吗？”孙膑说：“有。据守险隘，增强壁垒，按兵不动，注意戒备，不被敌人挑动，不被敌人激怒。”田忌问：“敌军既众多又凶猛，我方非与它交战不可，有什么好的应对办法吗？”孙膑说：“有。增筑壁垒，广思谋略，严明军令，整饬部队，团结士卒。避敌锐气使其骄傲，引诱敌人调动使其疲惫。然后攻其无备，出其不意。想要达到这种效果，必须做持久的准备才行，准备越充分越容易成功。”田忌问：“锥行阵的用处是什么？雁行阵的用处是什么？精选出来的有力士卒怎么用？驰驱善射的弩兵怎么用？飘风之阵怎么用？一般士卒怎么用？”孙膑说：“锥行之阵，是用来冲破敌人坚固阵地，摧毁敌人精锐部队的。雁行之阵，是用来维持袭击敌人侧翼，应付……的。精选出来的有力士卒，是用来突破敌阵、擒杀敌将的。驰驱善射的弩兵，是用来激烈持久战斗的。飘风之阵，是用来……的。一般士卒，是用来配合行动、增加胜利的。”孙膑说：“明智的君主和通晓用兵规律的将帅，是不指望用一般士卒建树主要战功的。”

孙膑从威王、田忌处出来后，弟子们问他：“威王和田忌君臣二人，他们所提出来的问题怎么样？”孙膑说：“威王问了九个问题，田忌问了七个问题。从他们所提出的问题看，几乎懂得怎样用兵了，但还没有完全掌握用兵的根本规律。我听说，一贯严守信用，国家就会昌盛；注重伸张正义，［国家才会强大］。……进行战争没有充分的准备，必然会受到伤害。穷兵黩武，则最后必然灭亡。［他们对此缺乏足够的重视］，从现在起到第三代，齐国的命运大概会令人忧虑。”

陈忌问垒[①]

【原文】

田忌问孙子曰：“吾卒少不相见，处此若何？”曰：“传令趣弩舒弓[②]，弩□□□□□……不禁，为之奈何？”孙子曰：“明将之问也。此者人之所过而不急也[③]。此□之所以疾……志也[④]。”田忌曰：“可得闻乎？”曰：“可。用此者，所以应卒窘处隘塞死地之中也[⑤]。是吾所以取庞□而禽泰子申也[⑥]。”田忌曰：“善。事已往而刑不见。”孙子曰：“疾利者[⑦]，所以当沟池也[⑧]。车者，所以当垒［也］。□□［者］，所以当堞也[9]。发[10]者，所以当俾堄也[11]。长兵次之，所以救其隋也[12]。从次之者[13]，所以为长兵□也[14]。短兵次之者，所以难其归而徼其衰[15]也。弩次之者，所以当投几也[16]。中央无人，故盈之以□……[17]卒已定，乃具其法[18]。制曰[19]：以弩次疾利，然后以其法射之[20]。垒上弩戟分[21]。法曰：见使枼来言而动[22]□……□去守五里直候[23]，令相见也。高则方之[24]，下则员之[25]。夜则举鼓，昼则举旗。”

* * * * *[26]

……田忌问孙子曰：“子言晋邦之将荀息、孙轸之于兵也[27]，未……

……无以军恐不守。”忌子曰：“善。”田忌问孙子曰：“子言晋邦之将荀息、孙[轸]……

……轸为晋要秦于殽，溃秦军，获三帅□……

……强晋，终秦缪公之身，秦不敢与……

……也，劲将之阵也。”孙子曰：“士卒……

……田忌曰：“善。独行之将也。……

……言而后中。”田忌请问……

……兵情奈何。孙子……

……请问兵伤□……

……见弗取。”田忌服，问孙……

……□橐□□□焉。”孙子曰：“兵之□……

……□应之。”孙子曰：“伍□……

……□孙子曰：“□……

……□见之。”孙子……

……以也。”孙……

……□孙子……

……□明之吴越，言之于齐。曰知孙氏之道者，必合于天地。孙氏者㉘……

……求其道，国故长久。”孙子……

……田忌请问知道奈何。”孙子……

……而先知胜不胜之谓知道。□战而知其所……

……所以知敌，所以曰智，故兵无……

【注释】

①垒：壁垒、堡垒，本指军营四周所筑的堡寨，本文中泛指部队在野战情况下的阵地设施和兵力、兵器的配置等。

②趣（cù）弩舒弓：意谓让弩机手和弓箭手都做好战斗准备。趣，快、疾，这里指尽快准备好弩机。舒，伸，展，这里指排列好弓箭手。

③过：过去，此处意谓忽略过去。急：紧要，此处意谓不重视。

④此处简文约残缺五个字，从下文孙膑所谈内容看，可能是指要迅速部署阵地和鼓舞斗志。

⑤应卒：即应猝，应付突然情况。窘处：困难的境地。窘，借为“窘”。隘塞：狭隘的险地。死地：不利的地形。

⑥取庞□而禽泰子申：庞字后所缺应是“涓”字或“子”字。禽泰子申，即擒太子申，太子申即魏惠王的长子魏申。此处取庞涓、擒太子申，可能指桂陵之战和马陵之战，也可能单指马陵之战。桂陵之战的情况见本书《擒

庞涓》篇。马陵之战发生于公元前341年，田忌、孙膑率兵救韩攻魏，孙膑用减灶诱敌之法，在马陵（今河南范县西南）设伏，大败魏军，庞涓自杀，太子申被俘。

⑦疾利：借为“蒺藜”（下同），用木或金属制成的有刺障碍物，布在地上以阻碍敌人行进，因其形状与蒺藜的果实相似，故名蒺藜。

⑧沟池：沟堑和护城河。

⑨堞（dié）：城上的矮墙，亦称女墙，是守城人用以遮护身体的。此处前半句简文残缺两个字，不能确知为何物，很可能是指地面上的天然障碍物。

⑩发：借为“伐”，即盾。

⑪俾：借为“埤”，指城墙上有孔的矮墙，借以掩护身体和观察敌情。

⑫隋：借为“隳（huī）”，毁坏，这里是危急的意思。

⑬从（cōng）：借为“鏦”，小矛，即短柄的矛，介于长柄兵器和短柄兵器之间。

⑭□：此字残缺，可能是“助”字，是长兵的辅助。

⑮徼其衰：阻击疲惫的敌人。徼，借“邀”，截击的意思。衰，即指疲惫。

⑯投几：抛石机。

⑰此处简文残缺，恰值一简之末，与下简文字不相连接，无法判断其内容和意义。

⑱具其法：确定具体的打法。具，备办，引申为确定、制定。

⑲制：规定。

⑳以其法射之：指按上面既定的打法，在规定的距离和时机内，发矢射敌。

㉑弩戟分：弩兵和戟兵各占一半。分，半。

㉒枼：借为“谍”，此处指间谍。

㉓去守五里置候：在离部队驻地五里远的地方设置哨兵。候，伺望，瞭望，亦称“斥候”。

㉔方：指地。《淮南子·本经》说“戴圆履方”，圆即指天，方即指地。本文在此处的意思是，如果哨所设在高处，要注意向低处地面观察敌情。

㉕员：通“圆”，指天。意谓哨所设在低下之处，要注意向高处观察敌情。

㉖*****：自此以下共二十二段残简，字体与本篇简文相似，但有些内容明显不属于本篇，由于残缺过甚，不能单独成篇，姑附于此。

㉗晋邦：指春秋时晋国。荀息：春秋时晋国的名将。公元前658年，荀息向晋献公献计“假道于虞以伐虢”，灭虢、虞二国。孙轸：春秋时晋国的名将，即先轸，亦称原轸，在公元前632年的城濮之战中统率晋国的中军，大败楚军。在公元前627年的崤之战中，先轸以“一日纵敌，数世之患”的道理说服晋襄公伐秦，取得全歼秦军的胜利。

㉘这里是孙膑的弟子把孙武、孙膑的军事理论作为一家学说所作的评价。明之吴越，是指孙武曾为吴王阖闾的将军，其军事理论在吴、越两国有重大影响。言之于齐，是指孙膑曾任齐威王的军师，其军事理论在桂陵之战和马

陵之战等实践中取得重大胜利。由于兼包两个“孙子”而加评述，所以称他们的学说为“孙氏之道”。

【译文】

田忌问孙膑：“我军兵力少，［在野战的情况下］不时与敌人遭遇，应该怎样［部署阵地］呢？”孙膑说：“只有明智的将军才会提出这个问题。这是一般人容易忽略过去而不重视的问题。处理这个问题的关键是，［迅速地利用部队的武器装备结合地形情况恰当措置，并要注意鼓舞和激励士兵的斗志］。”田忌问：“能具体地讲给我听听吗？”孙膑说：“可以。这种方法是用来应付突然处于困境、险阻、死地之中的紧急情况的，我们战胜庞涓、俘虏太子申就是用的这种办法。”田忌说：“好啊！这件事已经过去多年，当时布阵设垒的情景现在看不见了。”孙膑说：“［在临时野战的情况下，］蒺藜可以当作沟堑和护城河来用。战车可以当作城墙、壁垒来用。［地面上的天然障碍物］可以当作城上的矮墙来用。大盾牌可以当作城上有孔的矮墙来用。依次配置戈、矛等长柄兵器，是用来救援危急之处的。配置稍短的兵器，是用来辅助长柄兵器的。配置刀、剑等短柄兵器，是用来断敌归路、阻击疲惫之敌的。配置弩兵，可以用来当作抛石机。战场的中央要空起来，以便……兵力部署完成后，便确定好具体的打法。向士兵明确规定：把弓弩配置在蒺藜的后面，然后在规定的距离和时机内发矢射敌。阵地前沿，弩和戟要各占一半。兵法上说：要等见到派出去的间谍回来，报告了敌人的确实情况，然后才能采取行动，……要在离部队驻地五里远的地方设置观察哨，使之能及时发现敌情。观察哨在高处，要注意向低处地面观察；观察哨在低处，要注意向高处观察。夜间，要用击鼓的方法报警；白天，要举旗传递信号。”

选卒

【原文】

孙子曰：兵之胜在于篡卒[1]，其勇在于制[2]，其巧在于势[3]，其利在于信[4]，其德在于道[5]，其富在于亟归[6]，其强在于休民[7]，其伤在于数战[8]。孙子曰：德行者，兵之厚积[9]也。信者，兵［之］明赏[10]也。恶战者[11]，兵之王器也[12]。取众者[13]，胜□□□也[14]。孙子曰：恒胜有五[15]：得主剸制[16]，胜。知道，胜。得众，胜。左右和，胜。糧敌计险，胜。孙子曰：恒不胜有五：御将[17]，不胜。不知道，不胜。乖将[18]，不胜。不用间，不胜。不得众，不胜。孙子曰：胜在尽□[19]，明赏，撰卒，乘敌之□[20]。是胃泰武之葆[21]。孙子曰：不得主弗将也……

*****[22]

……□□令，一曰信，二曰忠，三曰敢。安[23]忠？忠王。安信？信赏。安敢？敢去不善。不忠于王，不敢用其兵。不信于赏，百生弗德。不敢去不善，百姓弗畏[24]。

二百卅五。

【注释】

①篡卒：即选卒，指经过挑选的精兵。篡，借为“选”。

②制：制度，这里指严密的组织指挥。

③巧：机巧，指巧妙的作战指挥。埶，借为“势”，态势，这里指善于创造有利的战场态势。

④利：锐，指军队的战斗力强。信：诚实，不欺，这里指言而有信，即篇末所附残简说的“信赏”。

⑤德：指军队的政治素质。道：治理，如《论语·学而》“道千乘之国”的道，在这里是指对军队的管理教育。

⑥富：指军队的物资供应充裕。亟归：指速战速决，早日结束战争。亟（jí），急，急速。

⑦休民：使百姓得到休养生息。

⑧数（shuò）战：频繁地作战。

⑨厚积：丰富的储备，这里指政治素质是军队建设的深厚基础。

⑩明赏：严明的奖赏。

⑪恶（wù）战：不好战。

⑫王器：王者之器。这里指不好战是君主用兵的手段。

⑬取众：意谓取得士兵的拥护。

⑭胜□□□也：此处简文有三个字残损不清，张震泽《孙膑兵法校理》认为是“胜之胜者也”，可供参考。

⑮恒胜：经常打胜仗。

⑯剸制：独立指挥，临机决断，不受制约。

⑰御将：与专制相反，将在外无独立指挥、临机决断之权，受君主的遥控。

⑱乖将：将帅之间不和。乖，离异。

⑲□：此字残缺无考，张震泽先生据本篇所附残简推测，可能是“忠”字。

⑳□：此字残损不清，据张震泽先生辨识，可能是“弊”字。

㉑泰武：大武，意谓军队强大。泰，同“太”，大的意思。武，武事，泛指军事或军队。葆：同“宝”。

㉒*****：此以下所附简文，与他篇不同，非残断无法连缀，而基本完整，仅开头略缺数字，与本篇正文可能紧密相连。

㉓安：疑问代词，相当于现代汉语的“哪里”。

㉔畏：敬服。如《论语·子罕》“后生可畏”之畏。

【译文】

孙膑说：军队打胜仗，在于挑选精兵；士兵作战勇猛，在于军纪严明；军队机动灵活，在于主帅善于审查形势；军队战斗力强，在于主帅言而有信；军队有良好素质，在于平时的管理教育；军队物资供应充裕，在于速战速决，早日回返；军队的强盛，在于休整；军队实力的削弱，在于频繁地作战。孙膑说：有良好的品德，是军队建设的深厚基础。言而有信，是军队最严明的奖赏。不好战，是君主用兵的手段。能取得士兵的拥护，是胜利的根本保证。孙膑说，经常打胜仗有五个条件：

将领受到君主的绝对信任，拥有独立指挥权的，能胜利。将领懂得用兵之道的，能胜利。将领得到士兵拥护的，能胜利。将帅之间同心协力的，能胜利。将领善于分析敌情和审察地形险易情况的，能胜利。孙膑说，军队经常受挫折的因素也有五个：将领无独立指挥权，需要受君主遥控的，不能胜利。将领不懂得用兵之道的，不能胜利。将帅之间不和的，不能胜利。不会使用间谍的，不能胜利。将领得不到士兵拥护的，不能胜利。孙膑说：胜利的取得在于将领能够忠于国家，奖赏严明，有精选出的优秀士卒，善于乘敌之弊，懂得捕捉战机。这是使军队强大的法宝。孙膑说：得不到君主的信任，是不能率兵任将的，……

*****

……［做将领的，］一要信，二要忠，三要敢。忠于谁？要忠于君主。信什么？要信赏明罚。敢什么？要敢于纠正各种错误行为。不忠于君主，就不敢统率他的军队。不信赏明罚，百姓就不会感恩戴德。不敢纠正各种错误行为，百姓就不会敬畏。

二百三十五字。

月战[①]

【原文】

孙子曰：间于[②]天地之间，莫贵于人。战□□□不单[③]。天时、地利、人和，三者不得，虽胜有央。是以必付与[④]而□战，不得已而后战[⑤]。故抚时而战[⑥]，不复使其众[⑦]。无方而战者小胜以付磿者也[⑧]。孙子曰：十战而六胜，以星也[⑨]。十战而七胜，以日者也[⑩]。十战而八胜，以月者也[⑪]。十战而九胜，月有……［十战］而十胜，将善而生过者也[⑫]，一单……

*****

……所不胜者也五[⑬]，五者有所壹，不胜。故战之道，有多杀人而不得将卒者[⑭]，有得将卒而不得舍者[⑮]，有得舍而不得将军者，有复军杀将者。故得其道，则虽欲生不可得也[⑯]。

八十。

【注释】

①月战：本篇篇名，意谓战争与天时的关系。月，表示天时，包括日、月、星、辰、阴阳、四时等各种天象、天时的变化情况。由于古人迷信，认为月主阴，象征刑杀，因此用兵宜在月盛之时。这是本篇篇名的起因，但篇中更为强调的是人的作用。

②间于：介于。

③本句残缺三字，句意可能是指：得不到人民的支持就不能进行战争。单，借为“战”。

④付与：因依结合。付，同“附”，因依之意。与，相与，相助的意思。这里指天时、地利、人和三者要互相因依结合地加以利用。

⑤不得已而后战：意谓使自己处于不得不应战的局面，以利于政治上的主动（人和）或争取天时、地利方面的有利条件。

⑥抚时而战：遵循天时而作战，是古代较为流行的一种迷信观念。

⑦不复使其众：意谓一战而胜，不反复用兵。《孙子兵法·作战篇第三》所说“善用兵者，役不再籍，粮不三载”，即是此意。

⑧无方：无附，指没有获得天时、地利、人和等三个方面条件相辅助。方，借为“旁”；旁，通“傍”，依、附的意思。付：借助于历数。付，通“附”。磿：今简化作“历”，指天时方面的历数。

⑨星：指星辰变化所带来的有利战机。

⑩日：指太阳变化所带来的有利战机。

⑪月：指月亮变化所带来的有利战机。

⑫过：超越，意谓“十战而十胜”是“人和”中将领善战的作用超过了“天时”的作用。

⑬*****：此处下所附残简，从内容看并非本篇文字，篇末所标数字亦然，很可能是独立的一篇；因前面残损了篇题及部分正文（约十八字），无从确考。由于简文的字体与《月战》相近，故被附于《月战》一篇之末。

⑭得：意谓俘获。将卒：这里指下级或低级军官。

⑮舍：营舍。

⑯故得其道，则虽欲生不可得也：此句指对敌军而言，即敌欲生而不可能。

【译文】

孙膑说：在天地之间，没有比人更宝贵的了。想要发动战争必须得到人民的支持，如果得不到人民的支持，那就不能进行战争。天时、地利、人和，这三个条件如果不完全具备，即使取得了胜利也会有严重后果。因此，必须把天时、地利、人和这三个条件互相结合起来应用于战争，使自己处于不得不战的有利局面。所以，能够遵循天时而作战的，就可以一战而胜，不需要反复用兵。没有获得天时、地利、人和全部有利条件的，有时也会取得一些较小的胜利，那是因为得到天时中历数的帮助。孙膑说：十次作战而六次胜利，是因为得到星辰变化的有利战机。十次作战而七次胜利，是因为得到太阳变化的有利战机。十次作战而八次胜利，是因为得到月亮变化的有利战机。十次作战而九次胜利，［是因为得到月亮的有利条件更加充分］。十次作战而十次胜利，是因为将军善战，超过了天时的作用而取得的。……

*****

……不能获得全胜的情况有五种，五种情况出现任意一种，都不算是全胜。作战中经常出现的情形是：有的虽然能杀伤敌人很多士兵却不能俘获敌人的下级军官；有的能俘获敌人的下级军官却不能袭占敌人的营舍；有的能袭占敌人的营垒却不能俘获敌军的将领；有的既能歼灭敌人全军又能击杀敌军的将领。因此，只要掌握了全胜之道，敌人想要生存是不可能的。

八十字。

八阵[1]

【原文】

孙子曰：知不足，将兵[2]，自侍[3]也。勇不足，将兵，自广[4]也。不知道，数战不足[5]，将兵，幸[6]也。夫安万乘国[7]，广万乘王，全万乘之民命者，唯知道。知道者，上知天之道[8]，下知地之理，内得其民之心，外知敌之情，陈则知八陈之经[9]，见胜而战，弗见而诤[10]，此王者之将也。

孙子曰：用八陈战者，因地之利，用八陈之宜。用陈参分[11]，诲陈有蜂[12]，诲逢有后[13]，皆侍令而动。斗一[14]，守二[15]。以一侵适，以二收。敌弱以乱[16]，先其选卒以乘之[17]。适强以治[18]，先其下卒以诱之[19]。车骑与战者[20]，分以为三，一在于右，一在于左，一在于后。易则多其车[21]，险则多其骑，厄则多其弩[22]。险易必知生地、死地[23]，居生毄死。

二百一十四。八阵。

【注释】

①八阵：古代阵法的通称，不是固定指八种不同的阵法。八阵本是一个完整的方阵，即大将居于中央，四面各有一队正兵，即四阵；四队正兵之间共有四块“闲地”，可以由四队正兵分别派出奇兵加以机动或占领，这样四阵就变成了八阵。因此说“数起于五”（指大将和四队正兵），“散而成八，复而为一”。这就是八阵的基本含

义。阵，指阵法，即军队交战时的战斗队形。

②将兵：率领军队作战。

③自侍：这里指盲目自负。侍，通“恃”。

④自广：这里指盲目自大。

⑤数战不足：没有经过多次战争实践，作战经验不足。

⑥幸：指希图侥幸取胜。

⑦万乘国：指可以出兵车万乘的大国。

⑧天之道：即天文，指阴阳、四时、日月星辰等天象变化对战争的影响和关系。

⑨经：规则，要领。

⑩诤：止。

⑪用阵参分：参，通“三”，全句指布阵时把兵力分为三部。

⑫诲：借为“每”。蜂，通“锋”，指前锋部队。

⑬后：指后续接应部队。

⑭斗一：用三分之一的部队与敌交战，即下文的“以一侵敌”。

⑮守二：用三分之二的部队伺机而动，即下文的“以二收”。

⑯以：而。下文“敌强以治”的“以”字用法与此相同。

⑰其：指自己一方。选卒：精锐部队。乘：凌犯，进击。

⑱治：严整，这里指严阵以待。

⑲下卒：战斗力弱的士兵，这里指自己一方战斗力弱的部队。

⑳与：参与，即参加作战。

㉑易：指地形平坦。

㉒厄（è）：指两边高峻中间狭窄的地形。

㉓生地：指有利的地形。死地：指不利的地形。

【译文】

孙膑说：智谋不足的人带兵打仗，是盲目自负。勇气不足的人带兵打仗，是盲目自大。不懂得用兵规律而又缺乏实战经验的人带兵打仗，是希图侥幸。凡是要巩固万乘大国的政权，扩大万乘大国的统治，保护万乘大国的人民生命安全的统帅，必须懂得用兵的根本之道。懂得用兵的根本之道，就是要上知天文，下知地理，内得民心，外知敌情，布阵时懂得八阵的要领，有胜利的把握就打，没有胜利的把握就不打。这样的统帅，才真正是能够帮助国君安邦定国的良将。

孙膑说：运用八阵与敌人交战，必须根据地形的有利条件，采取八阵中适宜的阵法。布阵时兵力要分为三部分。每一种布阵都要有前锋部队，每一支前锋部队都要有后续部队做应援，前锋和后续部队都要待命而动。作战时，用三分之一的兵力直接交锋，用三分之二的兵力做机动部队。用三分之一的兵力去主动突破敌阵，用三分之二的兵力去聚歼敌军。如果敌军战斗力弱而且阵势混乱，那就先用精锐部队去攻击它。如果敌军战斗力强而且阵势严整，那就先用战斗力弱的部队引诱它。有车兵和骑兵参加作战时，也要分为三部分，一部分部署在右翼，一部分部署在左翼，一部分部署在后面。地形平坦时要多用车兵，地形险要时要多用骑兵，地形隘塞时要多用弩兵。无论地形平易或险隘，都要搞清楚哪里是有利的生地，哪里是不利的死地，继而占据有利的生地，击敌于不利的死地。

二百一十四字。八阵。

地葆①

【原文】

孙子曰：凡地之道，阳为表②，阴为里③，直者为刚④，术者为纪⑤。纪刚则得，陈乃不惑。直者毛产⑥，术者半死⑦。凡战地也，日其精也⑧，八风将来⑨，必勿忘也。绝水、迎陵、逆溜、居杀地、迎众树者⑩，钧举也⑪，五者皆不胜。南陈之山⑫，生山也⑬。东陈之山，死山也。东注之水，生水也。北注之水，死水。不溜，死水也。五地之胜曰：山胜陵⑭，陵胜阜⑮，阜胜陈丘⑯，陈丘胜林平地⑰。五草之胜曰：藩、棘、椐、茅、莎⑱。五壤之胜：青胜黄，黄胜黑，黑胜赤，赤胜白，白胜青⑲。五地之败曰：谿、川、泽、斥⑳。五地之杀曰㉑：天井、天宛、天离、天隙、天柖㉒。五墓㉓，杀地也，勿居也，勿□也㉔。春毋降㉕，秋毋登㉖。军与陈皆毋政前右㉗，右周毋左周㉘。

地葆二百。

【注释】

①地葆：本篇篇名，即地利。葆，通“宝”。

②阳：指高亢明敞的地形。表：本义是上衣，引申为显露在外边、高处之意。《仪礼·乡射礼》注：“以左手在弓表。”弓表即弓背，就是弓的突出的脊背。本文也取此义，意谓高亢明敞的地形是大地的脊背。

③阴为里：与“阳为表”相反，意谓低洼幽暗的地形是大地的内腹。

④直：指平正的地形。刚：通“钢”，本义是网上的大绳，引申为纲领、纲要，这里指平正的地形是大地最重要的部分。

⑤术：借为“屈”，与直相反，指起伏错杂的地形。纪：与刚相反，指起伏错杂的地形是大地的次要部分。

⑥毛产：指大地上所生长的草木等各类植物。《谷梁传·定公元年》注：“凡地之所生谓之毛。”本文的意思是，平正之地百草百谷较多，易供军队人马之食用。

⑦半死：与“毛产”相反，意谓起伏错杂之地百草百谷较少，军队人马之食用容易困乏。

⑧日其精也：意谓阳光是非常重要的。精，精要，宝贵。

⑨八风：八方之风。《吕氏春秋·有始》说：“何谓八风？东北曰炎风，东方曰滔风，东南曰熏风，南方曰巨风，西南曰凄风，西方曰风，西北曰厉风，北方曰寒风。”《吴子·治兵》说：“将战之际，审候风所从来，风顺致呼而从之，风逆坚阵以待之。”可见风与作战行动

有很大关系，所以本文产“八风将来，必勿忘也”。

⑩绝水：渡水。迎陵：面向高陵。逆流，与敌人相比，处于河流的下游。杀地：极为不利的地形。迎众树：面向树林。

⑪钧举：势均力敌的行动。钧，同“均”，意谓敌对双方的力量相当。举，行动，这里指两军对敌。一说举是离去的意思，即遇到上述地形军队要离开，亦通，可供参考。

⑫南陈之山：指位于阵地北面的山，即布阵于山之南。一说阵读为陈（竹简原文作陈，在先秦书中阵与陈为同一字），陈列的意思，即指东西走向的山，亦通，可供参考。

⑬生山：意思是，南陈之山对作战极为有利。

⑭陵：大土山。胜：优越。因为山比陵高，便于发挥部队的冲击力，所以说“山胜陵”。

⑮阜：土山。比陵低，所以说“陵胜阜”。

⑯陈丘：小土山。比阜低，所以说“阜胜陈丘”。

⑰林平地：即平川之地。

⑱藩：这里指草木茂盛能掩蔽部队的地形。棘：有刺草木的通称。这里指荆棘丛生的地形。椐：本义是灵寿木，多肿节，古人常用来做手仗。《墨子·备城门》有治椐法，即以椐做篱笆之意。这里指草木类似篱笆的地形。茅：草名，即白茅，其叶如矛，故谓之茅，高四五尺。这里指野草较高的地形。莎：草名，即香附子，高约一尺余。这里指野草较低的地形。

⑲这里的“五壤之胜”与五行相胜关系密切，青、黄、黑、赤、白，即相当于木、土、水、火、金，具有迷信色彩。

⑳谿：指山间有流水的地形。川：指河流较多的地形。泽：指沼泽地。斥：指盐碱地。这里列举了四种地形，比句首所说的“五地”少一种，可能是原简脱漏一字，似为“谷”字，即谷地。

㉑五地之杀：指在以下五种杀地上有覆军杀将的危险。

㉒天井：指四边高中间低的地形。天宛：即《孙子兵法·行军篇第九》所说的“天牢”，指三面环山易进难出的地形。天离：即《孙子兵法·行军篇第九》所说的“天罗”（离、罗二字古代音近通用），指草木茂密如罗网的地形。天隙：指高山之间的狭长地带。天柖：即《孙子兵法·行军篇第九》所说的“天陷”（银雀山汉墓出土的《孙子兵法》“天陷”作“天柖”，与“天陷”同义），指地势低洼道路泥泞的地形。

㉓五墓：指上述天井、天宛、天离、天隙、天柖等五种地形。意谓部队陷入这些地形非常危险，像走进坟墓一样。

㉔□：此处简文残损一字，模糊不清，两边略存残画，似为“进”字或“停”字。

㉕春毋降：意谓春（包括夏在内，举春以代之）季以后，草木繁茂，雨水较多，不要离开高处到低处去驻军安营。

㉖秋毋登：意谓秋（含冬）季以后，草木枯落，高处水少，不要离开低处到高处去驻军安营。

㉗毋政前右：意谓驻军或布阵，不要使山陵高地位于自己的右前方。政，疑读为“正”，正面的意思。古人多认为驻军和布阵要“右背高，前死后生”（《孙子兵法·行军篇第九》），所以这里说不要被山陵高地挡在自己右前方。

㉘右周毋左周：意谓驻军或布阵，右后方要有山陵高地环绕，左前方不要被山地高陵环绕。周，四周环绕。

【译文】

孙膑说：地形方面的一般道理是，高亢明敞的地方是它的脊背，低洼幽暗的地方是它的内腹，平整的地方是其最重要的部分，起伏错杂的地方是其次要的部分。主要部分和次要部分都掌握好，布阵作战就不会迷惑。平正之地生长百谷百草，可以得到给养；起伏错杂的地方百谷百草较少，多半是死地。凡是作战地区，日照条件很重要，而且一定要严密观察风向，这些都是作战所必需的。作战中常遇到以下五种情况：渡水作战，面向高陵作战，与敌相比处于河流的下游作战，处于极为不利的“杀地”与敌作战，面对森林与敌作战，在这五种情况当中，如果我方兵力与敌方相当，那么就容易失败。位于阵地北面的山，是有利于作战的生山。位于阵地西面的山，是不利于作战的死山。向东流的河水，是有利于作战的生水。向北流的河水，是不利的死水。不流动的水，也是不利于作战的死水。作战时常会遇到五种地形，它们的优劣比较是：［战斗时，］山地胜过高陵地，高陵地胜过土山地，土山地胜过小丘陵地，小丘陵地胜过平川地。作战时也常会遇到五种草地，它们从优到劣依次是：草木茂盛能掩蔽部队行动的草地，荆棘丛生能妨碍部队行动的草地，草木粗壮类似篱笆能阻止部队一定行动的草地，野草较高能影响部队一定行动的草地，野草较低对部队行动影响不大的草地。作战时也常会遇到五种颜色的土壤，它们的优劣比较是：青色土壤胜过黄色土壤，黄色土壤胜过黑色土壤，黑色土壤胜过红色土壤，红色土壤胜过白色土壤，白色土壤胜过青色土壤。有五种可招致失败的地形，它们是：山涧、河川、沼泽、盐碱地［和狭谷地］。有五种可招致覆军杀将的地形，它们是：四边高中间低的“天井”，三面环山易进难出的“天宛”，草木茂密的“天离”，处于两山之间狭窄而深长的“天隙”，地势低洼道路泥泞的“天柖”。这五种地形叫“五墓”，是极为不利的“杀地”，部队不能在这五种地形上驻扎或停留。春夏不要从高处到低处去驻军安营，秋冬不要从低处到高处去驻军安营。驻军或布阵，不要使山陵高地位于自己的右前方，右后方要有山陵高地环绕，左前方不要被山陵高地环绕。

地葆。二百字。

势备[①]

【原文】

孙子曰：夫陷齿戴角[②]，前蚤后锯[③]，喜而合，怒而斲，天之道[4]也，不可止也。故无天兵者自为备[5]，圣人之事也[6]。黄帝作剑[7]，以陈象之[8]。笄作弓弩[9]，以埶象之[10]。禹作舟车，以变象之[11]。汤、武作长兵，以权象之[12]。凡此四者，兵之用也。何以知剑之为陈也？旦莫服之[13]，未必用也。故曰，陈而不战[14]，剑之为陈也。剑无封，唯孟贲［之勇］不敢□□□[15]。陈无蜂，非孟贲之勇也敢将而进者，不智兵之至也。剑无首铤[16]，唯巧士不能进［□］□[17]。陈无后，非巧士敢将而进者，不知兵之请者[18]。故有蜂有后，相信不动，适人必走。无蜂无后，……□券不道[19]。何以知弓奴之为埶也？发于肩应之间[20]，杀人百步之外，不识其所道至[21]。故曰，弓弩埶也。何以［知舟车］之为变也？高则……何以知长兵之［为］权也？毄非高下非……□卢毁肩[22]，故曰，长兵权也。凡此四……所循以成道也。知其道者，兵有功，主有名。□用而不知其道者，［兵］无功。凡兵之道四：曰阵，曰埶，曰变，曰权。察此四者，所以破强适，取孟将也。……埶者，攻无备，出不意……中之近……也，视之近，中之远。权者，昼多旗，夜多鼓，所以送战也[23]。凡此四者，兵之用也。□皆以为用[24]，而莫彻其道[25]。

*****

……得四者生，失四者死……

【注释】

①势备：本篇篇题，意谓克敌制胜，必须具有完备的有利态势。

②陷齿戴角：指长有锋利牙齿和坚硬头角的动物。陷，借为“含”，陷与含古音同。

③前蚤后锯：指前面长有锐利的爪，后面长有强劲的距的禽兽。蚤，指爪。锯，通“距”，后距，指雄鸡或雉等爪后突出像脚趾的部分，即鸡的附足骨，斗架时可强有力地击刺对方。

④天之道：天然的道理，即自然现象。

⑤天兵：指自然赋予动物的齿、角、爪、距等，可以作为自卫或进攻的武器。自为备：指人类没有上述的自然“天兵”，因而要自己动手制造，以作为自卫或攻击的武器。

⑥圣人之事：意谓人类学会制造武器是古代圣人教会的。这一思想不符合唯物史观，不论生产工具或战斗武器，都是劳动人民和知识分子发明创造的，兵器首先是从劳动工具演化而来的，不能把这些仅仅归功于“圣人”。

⑦黄帝作剑：传说剑是由黄帝发明的。作，创造，发明。以下“笄作弓弩”“禹作舟车”“汤、武作长兵”等，也都出自传说，并非历史真实。

⑧以陈象之：用剑比喻军阵。象，比喻，象征。陈，通“阵”。

⑨羿（yì）：人名，也叫后羿，相传是夏代有穷国（即有穷氏部落）的君主，弓箭的发明者，极为善射，曾夺得夏的政权，后为其部下所杀。弓弩：这里指古代的弓矢，弩是“弓有臂者”。

⑩埶：在本篇中特指杀敌之险势，所以用弓弩来比

喻。与《威王问》一篇的“势”有所不同，后者指造成有利之势“令士必斗”。

⑪变：机变，在本篇特指灵活的适应性，所以用舟车来比喻。

⑫权：主动权。意谓掌握着有利的杀敌手段，可以自如地击杀敌人，所以用长兵来比喻。与《威王问》中的“权者，所以聚众也”（指军权）有所不同。

⑬服：佩戴。服、佩古音同。

⑭陈而不战：列阵演练而不真正交战。陈，这里指训练战术，常备不懈。

⑮孟贲（bēn）：战国时勇士，能生拔牛角。□□□：此处有三个字残损不清，据下文判断，可能是“将而进”三字。

⑯首铤（tǐng）：剑的把柄。

⑰［□］□：此处残缺二字，据上文，是不敢进犯、不敢挑战的意思。

⑱情：指实质，与上文“不知用兵之至也”的“至”同义。

⑲此处简文残缺数字，文意不甚明了，可能是说，布阵没有前锋和后卫，阵势就会混乱，失去约束而不能整治。券：有相互约束的意思。道：管理，引申为整治。

⑳肩应：肩膀和前胸。应，通“膺”，胸部。

㉑道：由。意谓不知从何而来。

㉒此处简文残缺约二十字，中间的文义无从判断。开始的意思可能是说，使用长柄兵器很便利，不用改变身体

和四肢的位置，就可以在较远的距离上下左右自如地击刺敌人。末尾的意思可能是说，长柄兵器可以在较远的距离击刺敌人的头颅和肩胸。卢：有的释为额，亦通，可供参考。

㉓送战：指挥战斗。送，将，有率领、指挥等义。一说送是致的意思，送战即致战，亦通，可供参考。

㉔□：此处残损一字，残画依稀可辨，似为“民”字。

㉕徶：借为“彻”，通达，明白。

【译文】

孙膑说：凡是长有锐齿、坚角、利爪、遒劲有力后距的禽兽，通常都是欢喜时聚合在一起，发怒时就互相争斗，这是自然现象，是不可制止的。所以没有锐齿、坚角、利爪之类的天然武器的人，要自己制造武器来保护自己，这是古代贤人教会的。黄帝制作宝剑，我们可以用宝剑比喻军阵。后羿制作弓弩，我们可以用弓弩比喻兵势。夏禹制作舟车，我们可以用舟车比喻军队的机变。商汤和周武王制作长柄兵器，我们可以用长柄兵器比喻作战指挥的主动权。以上阵、势、变、权四个方面，都是军事上极其重要而不可缺少的。为什么说可以用宝剑比喻军阵呢？宝剑是不分早晚都要佩带在身上的，但不一定时刻都用它。军阵也是这样，战术要经常演练，但不一定天天交兵打仗，而是要常备不懈。所以用宝剑比喻军阵。宝剑如果没有锋刃，即使像孟贲那样勇猛，也不敢用它去杀敌。军阵如果没有精锐的前锋，就好比没有孟贲那样的勇气，此时如果还硬要向敌人发动进攻，就说明这个指挥者是不懂用兵之道的。宝剑如果没有把柄，即使再有技巧的人也无法拿它来击刺敌人。军阵如果没有后卫，便不是巧士，如果还硬要向敌人攻击，这个指挥者也是不懂得用兵实质的。所以，军阵既要有前锋，又要有后卫，互相配合，这样阵势才能稳定，也只有这样才能战胜敌人。如果军阵既无前锋又无后卫［，阵势就会混乱，失去相互间的约束和应援，因而不能整治而坚强，］不符合作战规律。为什么说可以用弓弩比喻兵势呢？箭镞从肩膀和胸处射出，却可以在百步之外杀伤敌人，而敌人还不知道箭镞是从哪里射来的。所以说，弓弩好比兵势。怎么才能知道用舟车比喻军队的机变呢？高……怎么才能知道用长柄兵器比喻作战指挥的主动权呢？［因为长柄兵器使用起来很便利，不用改换身体的位置，就可以在较远的距离上下左右自如地击刺，……可以击刺敌人的头颅和肩胸，］所以说长柄兵器好比是作战指挥的主动权。凡此四项……是必须遵循而加以掌握的战争规律。懂得战争的规律，军队作战就会胜利成功，国君的声名也会远扬。指挥作战而不懂得战争的规律，军队就不能打胜仗。作战指挥的原则共有四个，这就是军阵、兵势、机变和主动权。深入了解和掌握好这四个原则，就能够击破强大的敌军，擒俘勇猛的敌将……所谓兵势，就是要攻其无备，出其不意……看着似近，击中它却在很远的地方……看着似乎很近，击中它却在很远的地方。使用权谋的人，白天多用旌旗，夜间多用金鼓，以此来指挥战斗。上述四个方面，都是军事上极其重要而不可缺少的。人们都很注意应用这四个方面的原则，但很少有人能明白其真正的含义。

……懂得利用这四方面原则的就能取得胜利，不能利用这四方面原则的就会失败……

兵情[1]

【原文】

孙子曰：若欲知兵之请，弩矢其法也。矢，卒也。弩，将也。发者[2]，主[3]也。矢，金[4]在前，羽[5]在后，故犀而善走[6]。前［重而］后轻，故正而听人。今治卒则后重而前轻[7]，陈之则辨[8]，趣之适则不听人[9]，治卒不法矢也。弩者，将也。弩张棅不正[10]，偏强偏弱而不和[11]，其两洋之送矢也不壹[12]，矢唯轻重得[13]，前后适[14]，犹不中［招也］[15]……将之用心不和……得，犹不胜适也[16]。矢轻重得，前［后］适，而弩张正，其送矢壹，发者非也，犹不中昭也。卒轻重得，前后适，而将唯于……兵□□□□□□□□……犹不胜适也[17]。故曰，弩之中穀合于四[18]，兵有功……将也，卒也，□也[19]。故曰，兵胜适也，不异于弩之中召也。此兵之道也。

【注释】

①兵情：银雀山汉墓竹简整理小组所加篇题。兵，在本篇特指治军。情，情理，即指治军之道。

②发者：射箭人。

③主：指国君。

④金：这里指用金属制作的箭头。

⑤羽：这里指箭尾的翎。

⑥犀：犀利，即强劲有力。走：本义是奔跑，这里指箭的飞行。

⑦治卒：这里指布阵时兵力的分配。后重而前轻：指前面兵力少，后面兵力多。

⑧陈之则辨：指操练阵法时能搞得很好。陈，这里特指平时训练阵法，即作战时杀敌列阵之法。辨，借为“办”，意谓能够办得到，搞得好，即训练时很像样子。

⑨趣之适：促使它（指按后重而前轻的方法列阵的士兵）与敌交战。趣，同“促”。适，借为“敌”。

⑩柄：指弩臂。

⑪和：和谐，协调。

⑫洋：读为翔。因弩弓横置时，形似鸟舒两翼、人张两臂，所以这里把弩的两翼叫两洋。一说洋读为厢，古无厢字，借洋为厢，两洋即两厢、两边，亦通。送矢：指弩的两翼对箭的推动力。不壹：不一致，不相同。

⑬轻重得：做到了后轻前重，即“金在前，羽在后”。得，得到，实现。

⑭前后适：指箭的前重后轻都很适宜，不过轻或过重。

⑮招：箭靶。

⑯此处上文两处残缺，残缺字数较多，全句的意思可能是：如果将帅不齐心协力，虽然士卒的条件很好，也不能克敌制胜。

⑰此处简文残缺较多，大意是：虽然士卒和将帅的条件都很好，如果国君的指挥或决策不对，也是不能克敌制胜的。

⑱彀（gòu）：箭靶。四：指前面所讲的矢前后轻重得、弩柄正、两洋送矢壹、发者是。以此来比喻士卒、将帅、国君都合乎要求，上下协调一致。

⑲此句缺文较多，大意可能是：军队要获得克敌制胜的战功，必须像用弩射箭一样，在于国君、将帅、士卒的同心协力。

【译文】

孙膑说：如果想要了解治军、用兵的道理，可以效法用弩射箭的规律。箭好比是士卒，弩好比是将帅，发射人好比是国君。箭的构造为，金属制成的箭头在前面，羽毛制成的箭翎在后面，所以射出去以后强劲有力且速度飞快。由于前重后轻，因此射向准确且符合射手的预期。现在治军却相反，不是前重后轻，而是后重前轻。这样的做法，用来布阵操练是很好的，如果用于实战中，要士兵们依次勇往直前地冲锋陷阵，恐怕就不行了，那时，士兵们难以听从上级的指挥。这是治军时没有效法箭的缘故。弩，好比是将帅。弩张开后如果弩臂不正，就会有一侧偏强一侧偏弱，从而不协调，它的两翼对箭的推动力就不一致，这样，虽然箭的前重后轻都很适宜得当，也还是射不中箭靶。同样，如果将帅不同心协力，［尽管士卒的条件很好，前重后轻也布置得正确，］也还是不能克敌制胜。箭的前重后轻都适宜得当，弩臂也张得端正，两翼对箭的推动力也一致，但发射人指的方向有偏差，结果也还是射不中目标。所以，士卒即使前重后轻部署得当，［将帅也协调一致，如果国君的指挥或决策不正确，］也还是不能克敌制胜的。箭能中靶，在于箭的构造正确、弩的臂平正、两翼推动箭的力量一致、发射方向准确，这四个方面都合乎要求。军队要取得克敌制胜的战功，也必须像用弩射箭一样，在于国君、将帅、士卒都合乎要求，上下同心协力。所以说，军队战胜敌人的道理，和弩箭射中目标的道理是一样的。这就是治军、用兵之道。

行选①

【原文】

孙子曰：用兵移民之道②，权衡③也。权衡，所以篡贤取良也。阴阳④，所以聚众合适也⑤。正衡再纍暨忠⑥，是谓不穷。称乡县衡⑦，虽其宜也⑧。私公之财壹也⑨，夫民有不足于寿而有余于货者⑩，有不足于货而有余于寿者⑪，唯明王、圣人智之，故能留之⑫。死者不毒⑬，夺者不温⑭。此无穷……□□□□民皆尽力⑮，近者弗则，远者无能⑯。货多则辨⑰，辨则民不德其上⑱。货少则□⑲，□则天下以为尊。然则为民赇也⑳，吾所以为赇也㉑，此兵之久也㉒。用兵之国之葆也。

【注释】

①行选：本篇篇题，意谓择优而取。行，施行。选，选贤取良。

②用兵：这里指治理军队。移民：使人民和士兵归附、顺从。移，归附、顺从的意思。民，百姓与士兵皆称民。

③权衡：即秤。权，秤砣。衡，秤杆。此处引申为标准，意谓“用兵移民”“篡贤取良”必须有一个公平的标准。

④阴阳：中国古代哲学中的一对范畴，既有对立统一的辩证思想，又有一些迷信观念。在军事上，中国古代兵家把阴阳作为一种理论，即《汉书·艺文志》所说：“阴阳者，顺时而发，推刑德，随斗击，因五胜（五行相胜），假鬼神而为助者也。”

⑤冣众：组织军队，集结兵力。合适：同敌人交战。适，通“敌”。

⑥正衡再纍暨忠：意谓选取人才要反复斟酌，至公至平，不偏不倚。衡，指天平。纍，指砝码。暨忠，借为“既中”，指天平的指针在正中。

⑦称乡县衡：意谓公正地量功授赏。称乡，即称量功赏。乡，借为“飨”，本义是用酒食款待人，引申为犒赏。县衡，即悬平天平。县，本字为悬。

⑧虽：借为“唯”。

⑨私公之财壹也：意谓不分贵贱，对人才一视同仁。私，指大夫以下的私属，即地位较低的人。公，指侯、王以上大官，即地位高的人。财，借为“材”，即人才；财物之财，在本篇及本书都称为货。

⑩不足于寿而有余于货者：指富有而贪生的人。不足，即不满足。寿，指寿命。

⑪不足于货而有余于寿者：指因贫穷而不怕死的人，亦即贪财而轻生者。

⑫留之：留下来在部队服役。即按上述公正地量功授赏、一视同仁的办法并根据人们贪生和轻生的不同特点，使其乐于留在军中作战杀敌。

⑬死者不毒：战死的人没有怨恨。毒，痛恨。

⑭夺者不温：丢掉官职的人没有抱怨。夺，指贬官。温，借为“愠”，抱怨、气愤。此句意谓，只要标准公正，一视同仁，就能做到死者无恨，贬者无怨。

⑮此处简文残缺十余字，其意可能是：按上述原则去做，人才的出现是无穷的，上下都会拥护，士兵都会尽力效命。

⑯近者弗则，远者无能：亲近之人不敢为非作歹，疏远之人也不敢松懈、怠慢。则，通“贼”。能，读为dài，借为“怠”。

⑰辨：这里是分别、离异之意，意谓士兵（民）的钱财多了，对上就容易产生离异之心。

⑱德：同心同德。此句意为：士兵的钱财多了，对上容易产生离异之心，就不会同心同德。但孙膑在此处的意思，不是主张民贫兵穷，而是说要公正地论功行赏，不能普遍地、一味地用钱财去收买军心。

⑲□：此处残损一字，尚保留右侧“阝”，似为乡，借为“向”，与上文“辨”字相对，意为与上（君主或将帅）同心同德。

⑳赇：酬谢，指对贤良、有功之人，要用物资奖赏来酬谢。

㉑吾所以为赇也：与上文相连，意谓上级用物资奖赏来酬谢下级，下级用勇敢作战来酬谢上级。

㉒久：即前面所说的“留之”。《孟子·公孙丑上》说：“可以久则久”，即可以留则留的意思。本文此处意谓：上下互为赇，所以士兵们能留下来，使部队稳定而巩固。

【译文】

孙膑说：治理好军队，使人民和士兵能够归附、顺从自己也是有规律可循的，亦是有标准可守的。就像秤和天平一样，有一个公正客观的标准。有了公正客观的标准，才能够更好地选取人才。要按阴阳五行的道理，组织军队、集结兵力、与敌作战。选取人才要像用天平称物一样反复斟酌，至公至平，不偏不倚，这样，人才的涌现，就是无穷无尽的。论功行赏，也必须公正无私，要选取最为适宜的方式选拔人才。不论地位高低和身份贵贱，对人才的选取要一视同仁。民众的特点是，有的人富有但贪生怕死，有的人贫穷却不吝惜生命。唯有聪明的国君和智能极高的人才懂得这个道理，并善于运用这个道理使人们乐于留在军队服役。这样，为战斗而牺牲的人不会怨恨自己的上级，因作战不利而丢掉官职的人也不会产生不满情绪。按照上述原则去办，人才便是无穷无尽的……广大士兵都会竭力效命，与长官亲近的人不敢为非作歹，与长官疏远的人也不敢松懈、怠慢。如果一味地对士兵实行厚赏，不论功过如何，那么，士兵的钱财多了，反而容易产生离异之心，对上级不感恩戴德。[如果不一味实施厚赏，而是论功行赏，那么，]士兵的钱财就不会普遍增多，[对奖赏就会很珍重，]与上级也会同心同德。这样，上级用物资奖赏来酬谢下级，下级用勇敢作战来酬谢上级，上下互为酬谢，军队就能稳定巩固。这是国家用兵打仗的一个重要法宝。

杀士①

【原文】

孙子曰：明爵禄而……

……士死。明赏罚□……

……士死。立□……

……必审而行之，士死……

……死。挢而下之，士死……

……之，士死。□而传……

……勉之驩，或死州□……

……之亲，或死賁墓……

……之鸿，或死饮食……

……□处之安，或死疾疢之间，或死……

【注释】

①杀士：本篇篇题，可能是指如何鼓励士兵英勇作战，不怕牺牲。由于简文严重残损，无法判读，故对其内容不再注释和翻译。

延气[1]

【原文】

孙子曰：合军聚众[2]，［务在激气］[3]。复徙合军[4]，务在治兵利气[5]。临竞近适，务在疠气[6]。战日有期[7]，务在断气[8]。今日将战，务在延气。……以威三军之士，所以敫气也[9]。将军令……其令，所以利气也[10]。将军乃……短衣絜裘[11]，以劝士志[12]，所以厉气也。将军令，令军人人为三日粮，国人家为[13]……望，国使毋来，军使毋往，所以断气也[14]。将军召将卫人者而告之曰[15]：饮食毋……［所］以延气……也[16]。

延气。

* * * * *

……营也。以易营之，众而贵武[17]，敌必败。气不利则拙[18]，拙则不及[19]，不及则失利，失利……[20]

……气不疠则聂[21]，聂则众□[22]，众……

……气不断则迴，［迴］则不榑易散[23]，临难易散必败。……

……□□气不□则隋，隋则难使，难使则不可以合旨……

……□□则不智为已之节[24]，不智为已之节则事……

……而弗救，身死家残。将军召使而勉之，击……

【注释】

①延气：本篇篇题，意谓长久地鼓舞士气。

②合军聚众：集合民众，编组军队。

③务在激气：一定要激发士气。激气，这里特指战争动员。

④复徙：连续行军。徙，指拔营迁移。

⑤治兵利气：整治武器装备，振作部队士气。兵，兵器，这里泛指武器装备。利气，这里指长途行军疲劳，集结部队时要注意振作锐利之气。

⑥疠气：即励气，意谓临近敌境时，要注意鼓励士卒的斗志。疠，借为“厉”，激励。

⑦战日有期：作战的日期已经确定。古人往往双方先约定好日期，然后交战，所以叫“战日有期”。期，约期。

⑧断气：断然决胜的士气。

⑨此处简文残缺三十余字，其主旨是论述如何“敫气”，大意可能是说要讲明作战的原因、目的、意义，并申明军纪，以此来激发士气。敫，借为“激”。

⑩此处简文残缺三十余字，其主旨是论述如何“利气”，大意可能是说要在长途行军后，及时下达命令，整饬队伍，检查武器装备，注意敌情、地形等，以此来振作部队的锐气。

⑪短衣絜裘：简装束服。短衣，即短小轻便、便于作战行动的衣服。絜，读为jié，即把衣装结束得紧固整齐，以便于作战行动。裘，皮衣，这里泛指作战时穿的军衣戎装。此处简文残缺七八字，大意可能是说将军要与士卒同甘共苦。

⑫劝：勉励。

⑬国人家为：大意可能是说动员士卒为国、为己、为家而英勇作战。

⑭此处简文残缺十余字，从上下联系看，大意可能是说要下定决心，不怕牺牲，拼死决胜。

⑮卫人者：可能指警卫、勤杂人员等。

⑯这里有两处缺文，共残缺三十余字，其主旨是论述如何“延气”，大意可能是说饮食供应、金鼓旌旗的指挥、武器装备的携带、人员的分工配置等，都要做好久战的准备，以利于持续不断地鼓舞高昂的战斗士气。

⑰易营：更换营地。贵武：喜斗。

⑱拙：钝、屈的意思，即不能迅速反应和快速行动。

⑲不及：来不及应敌或趋利。

⑳以上残简，可能都属于“利气”方面的内容，与注⑩所说“残缺三十余字”大体相符。

㉑聂：通“慑”，恐惧。

㉒□：此字可能是士卒临近敌境因恐惧而逃散的意思。这段残简，可能属于“疠气”的内容，与注⑪所说，“残缺七八字”大体相符。

㉓槫：读为zhuān或tuán。

㉔为已之节：意谓下达停止部队行动的命令。为，做。已，停止。节，节制。

【译文】

孙膑说：在集合民众、编组军队的时候，一定要深入动员，调动士兵们的积极性，这就是做好“激气”。

在连续行军、到达集结地区的时候，一定要整饬队伍和检查武器装备，振作部队的精神，提高士气，这就是做好“利气”。在兵临边境、接近敌人的时候，一定要鼓舞部队的斗志，让士兵们具有压倒敌人的气概，这就是做好“疠气”。在与敌军约定作战的日期以后，一定要激励部队，让士兵们具有拼死决胜的勇气，这就是做好“断气”。在交战的这一天，一定要做好各项战斗准备，使部队能够保持持久的高昂士气，这就是做好“延气”。……［深入动员，讲清作战的原因、目的、意义，并申明军纪，］约束三军，这就是组织军队时“敫气”的方法。将军及时下达命令，［整饬队伍，检查武器装备，注意敌情、地形，随时应付突发情况，］这就是到达集结地区时“利气”的方法。将军［与士卒同甘共苦，亲临行伍，］身着戎装，短衣束服，鼓舞斗志，这就是接近敌境时“厉气”的方法。将军下令，命令全军每人携带三日军粮，为了国家、个人和自己的家庭而英勇战斗，［下定决心，不怕牺牲，拼死决胜，］国内的使者不要来，军中的使者也不要往，这就是交战日期确定后“断气”的方法。将军召集警卫、勤杂、保障人员等，告诉他们饮食供应不得有误，［金鼓旌旗、武器装备、人员分工和配置等，都必须做好充分准备，保证部队有持续不断的高昂士气，］这就是将战之日“延气”的方法。

延气。

官一[1]

【原文】

孙子曰：凡处卒利陈体甲兵者[2]，立官则以身宜[3]，贱令以采章[4]，乘削以伦物[5]，序行以［□］□[6]，制卒以周间[7]，授正以乡曲[8]，辩疑以旌舆[9]，申令以金鼓[10]，齐兵以从速[11]，庵结以人雄[12]，邋军以索陈[13]，茭肄以囚逆[14]，陈师以危□[15]，射战以云陈[16]，圉裹以赢渭[17]，取喙以阖燧[18]，即败以包□[19]，奔救以皮傅[20]，燥战以错行[21]。用□以正□，用轻以正散[22]。攻兼用行城[23]。□地□□用方，迎陵而陈用封[24]，险□□□用圜，交易武退用兵[25]，□□陈临用方……翼[26]，泛战接厝用喙逢[27]，囚险解谷以□远[28]，草驵沙荼以阳削[29]，战胜而陈以奋国[30]，而……为畏以山胠[31]，秦佛以委施[32]，便罢以雁行[33]，险厄以杂管[34]，还退以蓬错[35]，绕山林以曲次[36]，袭国邑以水则[37]，辩夜退以明简[38]，夜敬以传节[39]，厝入内寇以棺士[40]，遇短兵以必舆[41]，火输积以车[42]，陈刃以锥行[43]，陈少卒以合杂[44]，合杂所以圉裹也。脩行连削[45]，所以结陈也。云折重杂[46]，所［以］权趮也[47]。猋凡振陈[48]，所以乘疑也。隐匿谋诈，所以钓战也[49]。龙隋陈伏[50]，所以山斗也。□□乖举[51]，所以厌津也。[52]□□□卒，所以□□也。不意侍卒[53]，所以昧战也[54]。遏沟□陈，所以合少也[55]。疏削明旗[56]，所以疑适也。歅阵辖车[57]，所以从遗也[58]。椎下移师[59]，所以备强也。浮沮而翼[60]，所以燧斗也[61]。禅括蘖避[62]，所以莠桑也[63]。涧练歎便[64]，所以逆喙也[65]。坚陈敦□[66]，所以攻槥也[67]。楑断藩薄[68]，所以泫疑也[69]。伪遗小亡[70]，所以聰敌也[71]。重害，所以茭［□］也[72]。顺明到声[73]，所以夜军也。佰奉离积[74]，所以利胜也。刚者[75]，所以圉劫也。更者[76]，所以过□也。□者，所以圉□也。□［者，所以］□□［也。序］者，所以厌门也。胡退□入，所以解困也。

*****

……□令以金……

……云阵，圉裹［以羸渭，取喙］以阖……

……荼以阳削，战……

……畏以山胠，秦怫以委施，便罢以鴈……

……夜退以明简，夜敬……

……舆，火输积以车，陈……

……龙隋阵……

……也。疏削明……

……也。涧练□便，所以逆喙也……

……断藩薄，所以泫［疑也。伪遗小亡］，所以聰敌也。重害，所……

……奉离积，所以利……

……所以圉□［也。□者，所以□□］也。序者，所以厌……

【注释】

①官一：本篇篇题。本篇文字古奥生僻，语文艰涩难解，简文排列次序不易确定。官，借为“管”。一，即统

一。官一，指对军队在各种不同情况下实施统一组织、统一指挥、统一行动、统一制度的各种原则和方法。学术界有的认为本篇有两种不同的本子，本篇为第一种，故名官一，可备一说。

②处卒：部署队伍。卒，卒伍，古以百人为卒，五人为伍，这里泛指军队的各层级组织。利陈：便利于阵形的变化。体甲兵：配置甲仗兵器。体，分划的意思。

③立官则以身宜：建立军队的各级组织和各种制度，要选择称职的人。

④贱令：执行命令。贱，借为“践”，实行。采章：指彩色的旗帜、徽章、车服等物。古代把“采章”用于许多方面，因用途不同而标志有别。

⑤乘削以伦物：兵车上插载不同旗帜来区别其种类和等级。乘，用作动词，载的意思。削，旌旗下边悬垂的饰物。伦，区分等级、类别的意思。物，事物，这里指兵车、部队。

⑥序行：规定队伍的行列。序，作动词用，即安排、规定的意思。

⑦制卒以周间：按州、间的行政单位编组军队。周、间，古代民户编制，周，借指“州”。两千五百家为州，二十五家为间。

⑧授正以乡曲：按地方行政官吏任命军队官吏。正，乡正。乡曲，古代地方基层行政单位。

⑨辩疑以旌舆：通过兵车上的旗帜来辨别不同兵种以及将领。辩，借指“辨”。旌，古代用牛尾和羽毛装饰的

旗帜。舆，古代绘有鸟纹的旗帜。

⑩申令以金鼓：下达命令要用金鼓。金，指铙、铎等。鼓，指战鼓。金、鼓、旗分别用于三种不同类型的指挥行动，金的主要作用是退兵，鼓的主要作用是进兵，旗的主要作用是整顿队伍。

⑪齐兵以从速：用勇猛的士卒担任掩护任务。齐兵，即整齐队列。速，通“迹”，即踪迹，引申为步伐。

⑫庵结以人雄：任用最勇猛的兵士进行掩护。庵，与奄、掩、拾在古代通用。结，集结。人雄，勇猛的士卒。

⑬邋军以索陈：进剿敌军要用索阵。邋，即躐，通“猎”，践踏的意思。《楚辞·九歌·国殇》有“凌余阵兮躐余行”句，《国语·吴语》有“以犯猎吴国之师徒”句，《荀子·议兵》有“不猎禾稼”句，《吴子·料敌》有“猎其左右”“乘乘猎散”句，《六韬·犬韬·战骑》有“薄其前后，猎其左右”句等，都是践踏的意思。索陈，疑为阵名，可能类似绳索之形的阵。陈，借“阵”。本文此处特指以强击弱，所以前面使用“邋军”之词，后面用“索陈”之法。

⑭茭肄以囚逆：反复侵扰使敌人疲惫要用囚逆阵。茭（jiāo），有交易、阴阳代兴的意思。肄，劳苦的意思。《左传·昭公三十一年》载，伍子胥曾向吴王阖闾建议如何攻楚说：“亟肄以罢（疲）之，多方以误之。即罢而后以三军继之，必大克之。”杜预注：“肄，犹劳也。”本文茭肄，与“亟肄以罢之”意义相近。囚逆，阵名。囚有限制敌人行动的意思，逆有截击敌人的意思。

⑮陈师以危□：意谓严兵以临敌要用危□阵。危□，阵名，可能是指一种兵力部署较密集的阵形。

⑯射战以云陈：意谓以弓弩交射战斗时要用云阵。云阵，可能指聚散迅速、变化灵活的阵形。陈，借“阵”。

⑰圉裹以羸渭：围困敌人要用羸渭阵。圉，借为“御”。御，有两义，一是抵御的意思，二是禁止的意思，这里取第二义。裹，包围。羸，通“累”，有缠绕的意思。渭，有流布的意思。羸渭阵，可能指一种类似包围、缠绕的阵形。

⑱取喙（huì）以闔燧：战胜敌军精锐的前锋要用闔燧阵。喙，本义是兽口，这里比喻军队的前锋。闔，有封锁的意思。燧，通“隧、遂、队”，都是指道路。闔燧阵，可能指一种封锁道路、要隘的阵形。

⑲即败以包□：攻击已败之敌要用包□阵。包□，可能是包抄的意思。

⑳奔救以皮傅：紧急驰救时要用皮傅阵。皮傅，靠近的意思。

㉑燥战以错行：鼓噪而战要用错行阵。燥，取鼓噪之义。错行，队列交错的阵形。

㉒用轻以正散：用轻装部队攻击散乱之敌。正，借为“征”。

㉓攻兼用行城：攻击高处之敌要使用行城。兼，在此处含义不甚明了。行城，据《墨子·备梯》的记载，是一种守城工具，高二十尺，上加堞，广十尺，可以从上面往下投放矢石、沙炭、薪火、水汤，用以击败架云梯而攻城

之敌。本文此处的行城，可能在守城工具的基础上，改制成攻击高处之敌的进攻工具。

㉔迎陵而阵用刲：敌人在山陵，我则用刲阵去攻击它。刲，《说文》：“刺也，从刀。圭声。”

㉕交易武退用兵：交战于平易之地，攻击退走之敌要用（轻）兵。武，攻伐的意思。退，指敌军退走。用兵，其义不甚明了，可能原简抄写有漏字，估计是用轻兵追击退敌。

㉖□□陈临用方……翼：敌军居高临下要从侧翼攻击。□□，此处残损二字，原简保有较多笔迹，第一字明显是“势”字，第二字，可能是“高”字。方，读为旁。方……翼，可能是正面钳制、侧翼攻击的意思。

㉗泛战接厝用喙逢：凡战斗在短兵相接时要充分发挥前锋的作用。泛，借为“凡”，泛战即所有战斗。厝，借为“错”，交错的意思，接厝即敌我相接交错而战斗。

㉘囚险解谷以□远：制敌于山险之中，要放开谷口，把敌人引出来再消灭它。囚，有限制出入与活动之义，囚险即把敌人限制在山险之中。解谷，意谓不要进入谷内去同敌人交战，也不要死死堵住谷口不让敌人出来，而是要把敌人引出来，消灭之。□远，缺文原简不甚清楚，类似“跳”字，可借为“挑”，意谓在谷口较远处挑战，引敌出谷。

㉙草驵沙荼以阳削：在草木丛蔓之地诈设旌旗以惑敌。驵，读为苴。草苴，指野草丰厚。沙，同莎。莎荼，泛指茅草之类。阳，借为“佯”。削，借为“旓”，色彩

鲜艳的旗帜。阳削，即诈设旌旗，迷惑敌人。

㉚战胜而陈以奋国：胜利后要严饬阵容，振奋国威。

㉛为畏以山胠：隐蔽在半环形的山坡处。畏，借为“隈”，隐蔽之处。胠（qū），古代阵的右翼叫胠，但这里指半环形的障碍物，即以半环形的山坡为遮蔽。

㉜秦怫以委施：路多荆棘，要绕道而行。秦，借为“蓁”，指草木茂盛。秦怫，通“蓁茀”，指道路上多荆棘，难以通行。委施，同逶迤，蜿蜒曲折。一说逶迤为阵名，可参考。

㉝便罢以鴈行：适宜展开阵式时，要用雁行阵。便，便于。罢，当读“摆”，摆开。

㉞险厄以杂管：在险隘地形上要配置各种不同的武器和部队。杂管，意谓杂以不同的兵器、兵种来控制。一说杂管为阵名，可参考。

㉟还退以蓬错：撤退时要隐蔽交错地进行。蓬，隐蔽的意思。一说蓬错为阵名，可参考。

㊱曲次：指各部按先后次序，曲折行进。一说曲次为阵名。可参考。

㊲国邑：指国都和城邑。水则，水流的规律。

㊳明简：意谓以简书传达命令，不得大声喧哗。

㊴传节：通行凭证。

㊵厝入内寇以棺士：攻入敌境之内骚乱要使用武艺高强的人。厝，借为“斱”（zhuó），今作“斫”，斩、击的意思。寇，指骚乱敌人。棺士，可能是汉代所说的材官，指武艺高强的人。

㊶必舆：密列战车。必，借为“柲（bì）”，铺满，即依次排列。舆，这里指战车。

㊷火输积以车：火烧敌军粮草、辎重，要用车兵。输，指辎重之聚。积，指粮草之聚。

㊸阵刃以锥行：使阵势锋利要用锥行阵。

㊹阵少卒以合杂：布阵兵力不足时要混合编队。

㊺脩行连削：整饬队伍，布列旌旗。脩，通“修”，整治。削，借为“旓”，旗帜。

㊻云折重杂：指天候，意谓阴云满天。

㊼权趮：主动应付突发情况。权，意谓权衡利弊而采取行动。趮（zào），同躁，不静而动的意思。

㊽猋凡振陈：一说读为飙风振尘，一说读为飙风震阵。“振”与“震”通；“陈”即古“阵”字。今从后说。

㊾钓战：意谓诱敌出战中计。

㊿龙隋陈伏：意谓佯为披靡不振之状，暗设伏兵以待敌。龙，取老态龙钟之义。龙隋，张震泽说是“双声联绵词，当是形容军队披靡不振作之状”，今从之。陈伏，即设置伏兵。

(51)乖举：错谬的举动。此处前面简文残损二字，联系上下文看，可能是说故意举动错谬，以诱敌渡河，半渡而击。

(52)厌津：意谓乘敌渡河之机而发起攻击。厌，即压，意谓压迫敌军而攻击之。津，《说文》中有“津，水渡也”，这里指半渡。

53不意侍卒：出敌不意，突然攻击。侍，即待。卒，借为“猝”。

54昧战：偷袭，不宣而战。昧，隐蔽不明的意思，这里指默而不言。

55合少：意谓敌众我寡，可以和敌作战的兵力少。合，指聚集的军士。

56疏削明旗：旗帜疏列鲜明。削，借为“旓”，义同前。

57飘陈辖车：布列飘风之阵，派出轻快的战车。飘，通“剽”。剽阵，即《威王问》的飘风之阵；“飘风之阵”的“飘”，在《威王问》的竹简原文中即写作“剽”。

58从遗：追逐逃敌。从，追逐。遗，借为“逸”，逃走。

59椎下移师：遭遇敌军的打击时转移部队。椎，据张震泽考证，汉简与帛书往往把“才”写成“木”，故疑椎即摧字。

60浮沮而翼：用浮沮阵猛击敌军。浮沮，阵名，见《太白阴经》卷六《阵图总序》所说：“黄帝设八阵之形……飞翼浮沮，巽也。”又见《文选·封燕然山铭》“勒以八阵”句下，李善注引《杂兵书》说：“八阵者，……七曰浮沮阵。”翼，指迅猛地扑向敌人。

61燧斗：在隧路中战斗。燧，借为“隧”，指两旁有较高崖岸的道路。

㊷禅祜蘩避：意谓不戴盔穿甲，行动不整齐，故意示敌无备。禅，《说文》中有“禅，衣不重也”，即单衣，这里借喻不穿铠甲。祜，张震泽氏说“当是括发之括”，意即光头，这里借喻不戴头盔。蘩避，读为盘辟，是回旋往复不正之貌，这里指行动不整齐。

㊸莠橐：莠，借为“诱”，诱敌来追。橐：借为“蹑”，追击。《尉缭子·经卒令》：“莫敢当其前，莫敢蹑其后。”蹑即追的意思。

㊹涧练歂便：意谓精选骁勇敏捷的士卒。

㊺逆喙：迎击敌军的前锋。

㊻□：此残缺字可能是“旅”字。

㊼楷（huì）：尾，这里指敌军后方的部队。

㊽楑断藩薄：拆毁篱落障碍。楑，借为“揆”，折断。

㊾泫疑：迷惑敌人。与上文相关联，即《孙子兵法·行军篇第九》所说“众草多障者，疑也”的意思。

㊿伪遗小亡：假装丢弃一些军用物资。遗，遗弃。亡，亡失。

71魄敌：引诱敌人。魄，通“饵”。

72茭［□］：可能即前面所说的“茭肂”，使敌人疲惫的意思。

73顺明到声：意谓夜间巡逻到天明，互相以声音相联系。顺，借为“巡”。到，借为“致”。

⑭佰奉离积：意谓各种军用物资要适当分散存放，以防火灾或敌人纵火焚烧。

⑮刚者：指坚强勇敢的部队。

⑯更者：可能指轮番更替的部队。因下文有残缺字，其义不甚明了。

【译文】

孙膑说：凡正确部署队伍的人，其能达到的效果是，阵形灵活、易于变化，甲仗兵器配置得当，军队中各级组织和各种制度井然有序，人各与其职相宜。行军打仗时，要做到如下几点：执行命令时，要使用有各种不同色彩标志的旗帜。兵车上要插载不同的旗帜来区分其种类和等级。规定队伍的行列要……编组军队要按州和闾的行政单位进行。任命各级军官要按地方行政官吏授予。通过兵车上的旗帜来区分不同的兵种和指挥官。下达命令要分别使用金、鼓。整齐兵器要先整齐步伐。任用最勇猛的士卒进行掩护，歼灭敌军要用索阵。反复使敌人疲惫要用囚逆阵，严兵以临敌要用危□阵。与敌军以弓弩对射交战要用云阵。抵御敌人围困要用羸渭阵。消灭敌军的前锋要用阖燧阵。攻击已败之敌要用包□阵。紧急驰救时要用皮傅阵。鼓噪而战时要用错行阵。……用轻装部队攻击散乱之敌。攻击高处之敌要使用行城。……［敌人］在山陵布阵，［我方］要用封阵去攻击它。……在平易之地交战，攻击退走之敌要用［轻］兵。敌军居高临下时［我方］要从侧翼攻击它。一切战斗，在短兵相接时要充分发挥前锋的作用。制敌于山险之中要放开谷口，把敌人引出来再消灭。在草木丛蔓之地可诈设色彩鲜艳的旗帜以惑敌。打了胜仗后要严饬阵容，振奋国威。……要隐蔽在半环形的山坡处。路多荆棘时，要绕道而行。适宜展开阵式时，要用雁行阵。在险隘地形上行军作战，要配置各种不同的武器和部队。撤退时要隐蔽交错地进行。通过山林要有组织地依次行进。袭击敌人的国都和城邑时，要仿效水流的规律。夜间撤退要用简书传达命令。夜间警戒要严格检查通行凭证。采用攻入敌境制造骚乱的战法时，要派武艺高强的人去执行。与敌人短兵接战时，要密排战车。火烧敌军的粮草、辎重时，要派出战车。若要使阵势锋利，则用锥行阵。若布阵时兵力不足，则要混合编队。所以混合编队，是为了围困敌人。整饬队伍，布阵旌旗，是为了阵容严整。在阴云满天的时候，要权衡利弊，应付突发情况。在狂风震撼军阵的时候，可以乘敌人疑惑不定之机发起进攻。隐蔽企图，施用谋诈，是为了诱敌出战中我之计。佯为萎靡不振之状，暗设伏兵以待敌，这是山地的作战方法。故意举动错谬，是为了诱敌渡河，以便半渡而击之。……出敌不意，突然攻击，这就是偷袭的方法。阻遏沟池布阵，是以少击众的方法。旗帜疏列鲜明，这也是疑惑敌人的一种方法。布列飘风之阵，派出轻快的战车，是为了追击逃跑的敌人。遭遇敌军的打击时，转移兵力，是为了防备其他强敌。用浮沮阵猛击敌军，是在隧路中战斗的方法。不戴盔穿甲，行动不整齐，故意示敌无备，是为了诱敌来追。精选骁勇敏捷的士卒，是为迎击敌军的前锋做准备。布置坚阵，密集军队，是为了攻击敌方后面的部队。故意拆毁篱落障碍，是为了迷惑敌人。装作故意丢弃一些军用物资，是为了引诱敌人。从各方面陷敌人于不利，是为使敌人疲惫。夜间巡逻到天明，要以声音互相联系。各种军用物资要适当分散存放，［以防火灾或敌人纵火焚烧，］是为了［保障供应以］有利于作战的胜利。配置坚强而勇敢的部队，是为了防备敌人偷袭。轮番更替部队，是为了……解除自己所陷入的困境。

五教法[①]

【原文】

［孙］子曰：善教者于本，不临军而变，故曰五教：处国之教[②]一，行行之教[③]一，处军之［教[④]一，处阵之教[⑤]一，隐而］不相见利战之教[⑥]一。处国之教奚如？曰……孝弟良五德[⑦]者，士无壹乎？虽能射不登车。是故善射为左，善御为御，毕母为右[⑧]。然则三人安车[⑨]，五人安伍，十人为列，百人为卒[⑩]，千人有鼓，万人为戎，而众大可用也。处国之教如此。行行之教奚如？废车罢马[⑪]，将军之人必任焉，所以率……险幼将自立焉[⑫]，所以敬□……□足矣。行行之教如此。处军之教［奚如？］……也。处军之教如［此。处阵］之教奚如？兵革车甲，陈之器也……以兴善。然而陈暨利而陈实蘩[⑬]。处陈之教如此。隐而不相见利战之教［奚如？］……

五教法。

*****

……垒涂道，使三军之士皆见死而不见生，所［以］……[14]

……锡所以教耳……

……［所］以教足也。五教暨至，目益明……[15]

【注释】

①五教法：本篇篇题，即处国之教、行行之教、处军之教、处阵之教、隐而不相见利战之教等五种教育训练方法。教，这里指军队建设所实施的各方面教育训练。

②处国之教：即政治教育。从本篇所述有关内容看，处国之教要求以严格的政治教育为基础，组建起强大的国家军队。处国，处置好国家军队的政治教育和组织建设问题。

③行行之教：即队列训练。行（háng），卒伍行列。本篇在这方面的具体内容严重残损。

④处军之教：即行军训练。《孙子兵法·行军篇第九》有“处军、相敌”之语，处军就是军队行进在各种不同地形上对各种有关问题的处置方法。本篇在这方面的具体内容全部残损。

⑤处阵之教：即阵法训练。本篇这方面的具体内容全部残损。

⑥隐而不相见利战之教：即隐蔽而突袭敌人的战法训练。本篇这方面的具体内容也残损。

⑦弟：同悌，指敬爱兄长的品德。五德：指军人必备的

五种品德。现篇中有孝弟良三项，残损二项，可能是忠义或仁义之类。

⑧毕母为右：意谓以既不善射又不善御的士卒骨干做车右甲士。毕，尽，全。母，通“毋”，无，指不具备善射、善御技能。一般古代战车上有甲士三人，都是士卒中的骨干，其中一名为驭手，一名为射手，一名为手执戈（或矛、戟）的甲士。

⑨安车：由三名甲士编组为一乘战车（驾四马，立乘）。安，作动词用，用编组之意。

⑩卒：古代军队编制单位，即五人为伍，五伍为两，四两（一百人）为卒。

⑪废车罢马：意谓进行行行之教时不要战车和战马，实施徒手训练。废，置而不用。罢，免，止。

⑫险幼：指险要、险阻之地。幼，读为yào。

⑬蘩：疑读为繁，意谓阵法在实际运用中复杂多变。

⑭此段残简内容可能属于处阵之教，意谓筑垒于后退之路，迫使三军死战求生。

⑮此段残简内容可能也属于行行之教。

【译文】

孙膑说：搞好部队建设，在于平时抓住教育训练这个根本，不要等到临战之时匆忙上阵，临时组兵。因此，平时要对部队实施以下五种教育训练：一个是政治教育，一个是队列训练，一个是行军训练，一个是阵法训练，一个是隐蔽而突袭敌人的战法训练。怎么样进行政治教育呢？就是要严格以［忠、义、］孝、悌、良五德为基础，对士

兵进行德行教育。五德缺一的士兵，即使精于射箭也不能让他登上战车做甲士。所以，在五德皆备的基础上，要用善射的人做车左的甲士，善于驾驭战车的人做战车的驭手，既不善射又不善御的士兵骨干做车右的甲士。这样，就可以三人编组成一乘战车，五人编为一伍，十人编为一列，百人编为一卒，千人则设置战鼓，万人则组成一支强大的部队，从而可以充分发挥三军之众的巨大威力。政治教育就是如此。怎么样实施队列训练呢？队列训练就是不用战车和战马，在将军统率下的每一个人都必须熟练掌握各种徒手动作和技巧。……队列训练就是如此。怎么样实施行军训练呢？……行军训练就是如此。怎么样实施阵法训练呢？阵法训练就是要把各种武器、装备、战车、铠甲都充分运用起来，这些都是布阵所必需的重要战具……然而布阵既要有锋利之势，又要复杂多变以随机应敌。阵法训练就是如此。怎么样实施隐蔽而突袭敌人的战法训练呢？……

五教法。

［强兵］[1]

【原文】

……威王问孙子曰："□□□……□齐士教寡人强兵者[2]，皆不同道。……［有］教寡人以正教者[3]，有教寡人以［□］敛[4]者，有教寡人以散粮[5]者，有教寡人以静[6]者，……［孙子曰］："……皆非强兵之急者也[7]。"

威[王]……□□。孙子曰："富国[8]。"威王曰："富国。"……□厚，威王、宣王以胜诸侯[9]，至于……

*****

……将胜之，此齐之所以大败燕[10]……

……众乃知之，此齐之所以大败楚人[11]反……

……知之，此齐之[所以]大败赵[12]……

……□人于郌桑而禽氾皋也[13]。

……禽唐□也[14]。

……禽□睘……

【注释】

①[强兵]：本篇因残损严重，篇题是竹简整理小组所加，并提示说，估计本篇是后人抄附在《孙膑兵法》书后的。

②齐士：指齐国稷下学官的各派学士。当时，齐桓公（齐威王之父田午，不是春秋前期的齐桓公姜小白）、齐威王、齐宣王曾在齐者临淄稷门（西边南首门）附近设置学官，招徕儒、墨、道、法、阴阳等各派文学游说之士数千人，讲学议论，以备顾问。所以这里说，各派学士们给齐威王提出很多“强兵”的建议，主张各不相同。

③正教：政治教化，意谓通过加强仁政、德教而使国家强大，也就是“仁者无敌”的说教。

④敛：很可能指节敛或薄敛，意谓通过减轻人民的赋税而使国家强大。儒、墨、道、法各家都有这种类似的思想，这里很可能是指杂家人士所提出的主张。

⑤散粮：可能是指墨家的主张，墨家强调“非

攻”“兼爱”，因而建议用“散粮”的办法争取民众的拥护，进而使国家强大。

⑥静：可能是指道家的主张，道家在政治上的核心思想是“无为而治”，这里的静就是安静无为、使国家自然强大的意思。

⑦皆非强兵之急者也：都不是使军队强大的最紧要的问题。这是孙膑对威王所问的回答，仅仅是针对上述各家学派的不同建议而说的，他并没有全盘否定各派的意思，而是说他们的意见都不是强兵的关键和当务之急。

⑧富国：这是孙膑所提出的建议，意谓只有富国才是强兵的关键和当务之急。富国，在当时的含义就是要变法革新，发展经济，使国家富强。

⑨威王、宣王以胜诸侯：意谓齐威王、齐宣王时实行孙膑关于富国强兵的主张，齐国因此强大起来，打败魏、赵、燕、楚等国，取得“诸侯东面朝齐”的胜利。自本句开始至篇末所附残简，均非威王与孙膑的问答之词，而是《孙膑兵法》的整理者——孙膑的弟子们的概括和评语。

⑩大败燕：指公元前314年齐宣王乘燕国发生内乱之机，派兵攻燕，五旬而灭燕；后因受到燕国人民的反抗和各诸侯国密谋救燕，齐军撤退，燕昭王在赵国的帮助下得以复国。

⑪大败楚人：可能指公元前301年的重丘之战。据《史记·楚世家》楚怀王二十八年的记载：“秦乃与齐、韩、魏共攻楚，杀楚将唐眛，取我重丘而去。”据《史记·秦

本纪》昭襄王八年的记载："使将军芈戎攻楚，取新市。齐使章子，魏使公孙喜，韩使暴鸢，共攻楚方城，取唐眛。"由此可知，"大败楚人"有秦、齐、韩、魏四国，其中秦军打的是新市之战，以齐为首的齐、韩、魏联军打的是重丘之战。

⑫大败赵：可能指公元前325年的平邑之战（齐胜赵，俘赵将韩举）和公元前317年的观泽之战（齐军败赵军于观泽）。

⑬人于喆（niè）桑而禽氾皋也：此句意谓，大败宋人于喆桑而擒氾皋。禽，通"擒"。人，指宋人，竹简原文在"人"上面的字尚余残画，似为"宋"字。喆桑，今江苏沛县，战国时似属宋境。氾皋，史书无考，应为宋将。宋于公元前286年被齐所灭，这里的喆桑之战可能是灭宋前的某次战役。

⑭禽唐□：即注所说的重丘之战，"杀楚将唐眛""取唐眛"。唐眛，在《荀子·议兵》《吕氏春秋·处方》《商群书·弱民》等书中都写作"唐蔑"。

【译文】

齐威王向孙膑问道："……齐国稷下学宫的学士们，给我提出很多强兵的建议，他们的主张各不相同。……有的主张让我力行仁政、德教使国家强大起来；有的主张让我减轻人民的赋税负担使国家强大起来；有的主张让我赈粮济民使国家强大起来；有的主张让我清静无为使国家强大起来……"孙膑回答说："……这些主张都不是强兵的紧急而关键所在。"威王［说，那么什么是紧急而关键的

所在呢？］孙膑回答说："强兵的紧急而关键问题就在于富国。"威王说："富国。"……齐威王、齐宣王由于实行孙膑富国强兵的主张，遂使齐国强大起来，打败列国诸侯，直至［称霸中原］。